西方生命美学经典名著导读丛书

潘知常
主编

疯癫考古学

福柯《疯癫与文明》导读

李晓林 著

江苏凤凰文艺出版社

图书在版编目（CIP）数据

疯癫考古学：福柯《疯癫与文明》导读 / 李晓林著. — 南京：江苏凤凰文艺出版社，2023.5
（西方生命美学经典名著导读丛书）
ISBN 978-7-5594-7585-5

Ⅰ.①疯… Ⅱ.①李… Ⅲ.①福柯（Foucault, Michel 1926—1984）-哲学理论-研究 Ⅳ.①B565.59

中国国家版本馆CIP数据核字(2023)第038135号

疯癫考古学：福柯《疯癫与文明》导读

李晓林 著

出 版 人	张在健
责任编辑	孙金荣
责任印制	刘 巍
出版发行	江苏凤凰文艺出版社
	南京市中央路165号，邮编：210009
网　　址	http://www.jswenyi.com
印　　刷	苏州市越洋印刷有限公司
开　　本	787毫米×1092毫米　1/32
印　　张	7.5
字　　数	123千字
版　　次	2023年5月第1版
印　　次	2023年5月第1次印刷
书　　号	ISBN 978-7-5594-7585-5
定　　价	45.00元

江苏凤凰文艺版图书凡印刷、装订错误，可向出版社调换。联系电话 025-83280257

"生命为体,中西为用"

——"西方生命美学经典名著导读丛书"序言

潘知常

众所周知,中国当代的生命美学是改革开放四十年中较早破土而出的美学新探索。从1985年开始,迄今已经是第三十六年,已经问世三分之一世纪。

但是,中国当代的生命美学却并不是天外来客、横空出世。我多次说过,在这方面,中国20世纪初年从王国维起步的包括鲁迅、宗白华、方东美、朱光潜在内的生命美学探索堪称最早的开拓,源远流长的中国古代美学则当属源头。同时,它与西方19世纪上半期到20世纪上半期出现的生命美学思潮,更无疑心有灵犀。遗憾的是,这一切却很少有学人去认真考察。例如,李泽厚先生就是几十年一贯制地开口闭口都把生命美学的"生命"贬为"动物的生命"。而且,作为中国当代最为著名的美学大家,后期的他尽管一直生活在美国,不屑于了解中国自古迄今的生命美学也就罢了,但是对于西方的生命美学也始终不屑去了解,实在令人惊叹。当然,这也并非孤例,例如,德国学者费迪南·费尔曼就发现:"就是在今天,生命哲学对许多人来说仍然是十分可疑的现象:最常听到的批判是生命哲学破坏理性,是非理性主义和早期法西斯主义。"①为此,他更不无痛心地警示:"如果到现在还有人这么想问题,应该说是故意抬高了精神的敌人。"②

一般而言,在西方,对于生命美学的提倡,最早的源头,也许可以追溯到奥古斯丁的《忏悔录》。而在18世纪下半叶,德国浪漫主义美学家奥古斯特·施莱格尔和弗里德里希·施莱格尔兄弟在《关于文学与艺术》和《关于诗的谈话》中则都已经用过"生命哲学"这个概念。而且,小施莱格尔在他的《关于生命哲学的三次讲演》中也提到了生命哲学。当然,按照西方美学史上的通用说法,在西方,到了19世纪上半期,生命美学才开始破土而出。不过,有人仅仅把西方的生命美学称为一个学派,其中包括狄尔泰、齐美尔、柏格森、奥伊肯、怀特海等人,或者,再加上叔本华和尼采。我的意见则完全不然。在我看来,与

---

① [德]费迪南·费尔曼:《生命哲学》,李健鸣译,华夏出版社2002年版,第2页。
② [德]费迪南·费尔曼:《生命哲学》,李健鸣译,华夏出版社2002年版,第2页。

其把西方生命美学看作一个严格意义上的学派,不如把它看作一个宽泛意义上的思潮。这是因为,在形形色色的西方各家各派里,某些明确提及生命美学的美学,其实也并不一定完全具备生命美学的根本特征,而有些并没有明确提及生命美学的美学,却恰恰完全具备了生命美学的根本特征。

这是因为,西方美学,到尼采为止,一共出现过三种美学追问方式:神性的、理性的和生命(感性)的。也就是说,西方曾经借助了三个角度追问审美与艺术的奥秘:以"神性"为视界、以"理性"为视界以及以"生命"为视界。正是从尼采开始,以"神性"为视界的美学终结了,以"理性"为视界的美学也终结了,而以"生命"为视界的美学则正式开始了。具体来说,在美学研究中,过去"至善目的"与神学目的都是理所当然的终点,道德神学与神学道德,以及理性主义的目的论与宗教神学的目的论则是其中的思想轨迹。美学家的工作,就是先以此为基础去解释生存的合理性,然后,再把审美与艺术作为这种解释的附庸,并且规范在神性世界、理性世界内,并赋予其不无屈辱的合法地位。理所当然的,是神学本质或者伦理本质牢牢地规范着审美与艺术的本质。显然,这都是一些神性思维或者"理性思维的英雄们",当然,也正如叔本华这个诚实的欧洲大男孩概叹的:"最优秀的思想家在这块礁石上垮掉了。"①然而,尼采却完全不同。正如巴雷特发现:"既然诸神已经死去,人就走向了成熟的第一步。""人必须活着而不需要任何宗教的或形而上学的安慰。假若人类的命运肯定要成为无神的,那么,他尼采一定会被选为预言家,成为有勇气的不可缺少的榜样。"②尼采指出:审美和艺术的理由再也不能在审美和艺术之外去寻找。这也就是说,神性与理性,过去都曾经一度作为审美与艺术得以存在的理由,可是现在不同了,尼采毅然决然地回到了审美与艺术本身,从审美与艺术本身去解释审美与艺术的合理性,并且把审美与艺术本身作为生命本身,或者,把生命本身看作审美与艺术本身,结论是:真正的审美与艺术就是生命本身。人之为人,以审美与艺术作为生存方式。"生命即审美","审美即生命"。也因此,审美和艺术不需要外在的理由——我说得犀利一点,并且也不需要实践的理由。审美就是审美的理由,艺术就是艺术的理由,犹如生命就是生命的理由。

于是,西方美学家们终于发现:天地人生,审美为大。审美与艺术,就是生命的必然与必需。在审美与艺术中,

---

① [德]叔本华:《自然界中的意志》,任立等译,商务印书馆1997年版,第146页。
② [美]巴雷特:《非理性的人》,杨照明等译,商务印书馆1999年版,第183页。

人类享受了生命,也生成了生命。这样一来,审美活动与生命自身的自组织、自协同的深层关系就被第一次发现了。因此,理所当然的是,传统的从神性、理性去解释审美与艺术的角度,也就被置换为从生命的角度。在这里,对于审美与艺术之谜的解答同时就是对于人的生命之谜的解答的觉察,回到生命也就是回到审美与艺术。生命因此而重建,美学也因此而重建。生命,是美学研究的"阿基米德点",是美学研究的"哥德巴赫猜想",也是美学研究的"金手指"。从生命出发,就有美学;不从生命出发,就没有美学。它意味着生命之为生命,其实也就是自鼓励、自反馈、自组织、自协同而已,不存在神性的遥控,也不存在理性的制约。美学之为美学,则无非是从生命的自鼓励、自反馈、自组织、自协同入手,为审美与艺术提供答案,也为生命本身提供答案。也许,这就是齐美尔为什么要以"生命"作为核心观念,去概括19世纪末以来的思想演进的深意:"在古希腊古典主义者看来,核心观念就是存在的观念,中世纪基督教取而代之,直接把上帝的概念作为全部现实的源泉和目的,文艺复兴以来,这种地位逐渐为自然的概念所占据,17世纪围绕着自然建立起了自己的观念,这在当时实际上是唯一有效的观念。直到这个时代的末期,自我、灵魂的个性才作为一个新的核心观念而出现。不管19世纪的理性主义运动多么丰富多彩,也还是没有发展出一种综合的核心概念。只是到了这个世纪的末叶,一个新的概念才出现:生命的概念被提高到了中心地位,其中关于实在的观念已经同形而上学、心理学、伦理学和美学价值联系起来了。"①

波普尔说过:"我们之中的大多数人不了解在知识前沿发生了什么。"②同样,在我看来,"我们之中的大多数人"也不了解在当代美学研究"知识前沿发生了什么"。可是,倘若从生命美学思潮着眼,却不难发现,在"尼采以后",西方美学始终都在沿袭着"生命"这一主旋律。例如,柏格森、狄尔泰、怀特海等是把美学从生命拓展得更加"顶天";弗洛伊德、荣格等是把美学从生命拓展得更加"立地";海德格尔、萨特、舍勒等是把美学从生命拓展得更加"内向";马尔库塞、阿多诺等是把美学从生命拓展得更加"外向";后现代主义的美学则是把美学从生命拓展得更加"身体"。而且,其中还一以贯之了共同的东西,这就是:从生命存在本身出发而不是从理性或者神性出发去阐释生命存在的意义,并且以审美与艺术作为生命存在的最高境界;或者,把生命还原为审美与艺术,并且进

---

① [德]西美尔(齐美尔):《现代文化的冲突》,引自刘小枫编:《现代性中的审美精神》,学林出版社1997年版,第418—419页。
② [英]波普尔:《客观知识》,舒炜光等译,上海译文出版社1987年版,第102页。

而在此基础上追问生命存在的意义。而在他们之后,诸如贝尔的艺术论、新批评的文本理论、完形心理学美学、卡西尔和苏珊·朗格的符号美学……也都无法离开这一主旋律。而且,正是因为对于这一主旋律的发现才导致了对于审美活动的全新内涵的发现,尤其是对于审美活动的独立性内涵的发现。不可想象,倘若没有这一主旋律的发现,艺术的、形式的发现会从何而来。例如,从美术的角度考察的"有意味的形式",从文学的角度考察的新批评,从形式的表现属性的角度考察的格式塔,从广义的角度即抽象美感与抽象对象考察的符号学美学……

再回看中国。自古以来,儒家有"爱生",道家有"养生",墨家有"利生",佛家有"护生",这是为人们所熟知的。牟宗三在《中国哲学的特质》一书中也指出:"中国哲学以'生命'为中心。儒道两家是中国所固有的。后来加上佛教,亦还是如此。儒释道三教是讲中国哲学所必须首先注意与了解的。二千多年来的发展,中国文化生命的最高层心灵,都是集中在这里表现。对于这方面没有兴趣,便不必讲中国哲学。对于以'生命'为中心的学问没有相应的心灵,当然亦不会了解中国哲学。"也因此,一种有机论的而不是机械论的生命观、非决定论的而不是决定论的生命观,就成为中国人的必然选择。在其中,存在着的是以生命为美,是向美而生,也是因美而在。在中国是没有创世神话的,无非是宇宙天地与人的"块然自生"。一方面,是天地自然生天生地生物的一种自生成、自组织能力,所谓"万类霜天竞自由",另一方面,也是人类对于天地自然生天生地生物的一种自生成、自组织能力的自觉,也就是能够以"仁"为"天地万物之心"。而且,这自觉是在生生世世、永生永远以及有前生、今生、来生看到的万事万物的生生不已与逝逝不已所萌发的"继之者善也,成之者性也""参天地、赞化育"的生命责任,并且不辞以践行这一责任为"仁爱",为终生之旨归,为最高的善,为"天地大美"。这就是所谓"一阴一阳之谓道"。重要的不是"人化自然"的"我生",而是生态平衡的"共生",是"阴阳相生""天地与我并生,而万物与我为一",是敬畏自然、呵护自然,是守于自由而让他物自由。《论语》有言:"子罕言利,与命与仁"。在此,我们也可以变通一下:罕言利,与"生"与"仁"。在中国,宇宙天地与人融合统会为了一个巨大的生命有机体。而天人之所以可以合一,则是因为"生"与"仁"在背后遥相呼应。而且,"生"必然包含着"仁"。生即仁,仁即生。

由此不难想到,海德格尔晚年在回首自己的毕生工作时,曾经简明扼要地总结说:"主要就只是诠释西方哲学。"确实,这就是海德格尔。尽管他是从对西方哲学提出根本疑问来开始自己的独创性的工作的,然而,他的可贵却并不在于推翻了西方哲学,而是恰恰在于以之作为一种极为丰富的精神资源,从而重新阐释西方哲学、复活西方哲学,并且赋予西方哲学以新的生命。显然,中国美学,也同样期待着"诠释"。作为一个内蕴丰富的文本(不只是文献),事实上,中国美学也是一种极为丰富的精神资源,不但千百年来从未枯竭,而且越开掘就越丰富。因此,越是能够回到中国美学的历史源头,就越是能够进入人类的当代世界;越是能够深入中国美学之中,也就越是能够切近20世纪的美学心灵。这样,不难看到,重新阐释中国美学,复活中国美学,并且赋予中国美学以新的生命,或者说,"主要就只是诠释中国美学",无疑也应成为从20世纪初年出发的几代美学学者的根本追求,其重大意义与学术价值,显然无论怎样估价也不会过高。

然而,中国美学的现代诠释,也有其特定的阐释背景。经过百年来的艰难探索,美学学者应该说已经取得了一个共识,这就是:中国美学的历史实际上是一部与后人不断"对话"的历史,一部永无终结的被再"阐释"、再"释义"和再"赋义"的历史。而20世纪的一代又一代的美学学人的"不幸"与"大幸"却又都恰恰在于:西方生命美学思潮的作为诠释背景的出现。一方面,我们已经无法在无视西方生命美学思潮这一诠释背景的前提下与中国美学传统对话,这是我们的"不幸";然而另一方面,我们却又有可能在西方生命美学思潮的诠释背景下与中国美学进行新的对话,有可能通过西方生命美学思潮对中国美学进行再"阐释"、再"释义"和再"赋义"(当然也可以通过中国美学对西方生命美学思潮进行再"阐释"、再"释义"和再"赋义"),从而把中国美学在过去的阐释背景中所无法显现出来的那些新性质充分显现出来,最终围绕着把中国美学与西方美学都共同带入富有成果的相互启发之中这一神圣目标,使中国美学从蒙蔽走向澄明,走向意义彰显和自我启迪,并且使其自身不断向未来敞开,达到古今中外的"视界融合",从而把握今天的时代问题,解释人类的当代世界,这,又是我们的"大幸"!

由此出发,回顾 20 世纪,其中以西方生命美学思潮作为参照背景对中国美学予以现代诠释,应该说,就是一个最为值得关注而且颇值大力开拓的思路。何况,从王国维到鲁迅、宗白华、方东美,再到当代的众多学人,无疑也都走在这样一条思想的道路之上。他们都是从生命存在本身出发而不是从理性或者神性出发去阐释生命存在的意义,并且以审美与艺术作为生命存在的最高境界;或者,都是把生命还原为审美与艺术,并且进而在此基础上追问生命存在的意义。也因此,他们也都是不约而同地一方面立足于中国古代的生命美学,一方面从西方的生命美学思潮起步。至于朱光潜,在晚年时则曾经公开痛悔,因为他的起步本来就是从叔本华、尼采开始的,但是,后来却因为胆怯,于是才转向了克罗齐。由此,我甚至愿意设想,以朱先生的天赋与造诣,如果始终坚持一开始的选择,不是悄然退却,而是持续从叔本华、尼采奋力开拓,他的美学成就无疑应该会更大。

换言之,"后世相知或有缘"(陈寅恪),"生命为体,中西为用",在中国当代美学的历史抉择中,也就理所当然地成了一条首先亟待考虑的康庄大道。西方生命美学思潮,是西方美学传统的终点,又是西方现代美学的真正起点,既代表着对西方美学传统的彻底反叛,又代表着对中国美学传统的历史回应,这显然就为中西美学间的历史性的邂逅提供了一个契机。抓住这样一个契机——中国美学在新世纪获得新生的一个契机,无疑有助于我们真正理解西方美学传统,也无疑有助于我们真正理解中国美学传统,更无疑有助于我们真正地实现中西美学之间的对话,从而在对话中重建中国美学传统。同时,之所以提出这一课题,还无疑是有鉴于一种对于学术研究自身的深刻反省。学术研究之为学术研究,重要的不仅仅在于要有所为,而且更在于要有所不为。每个时代、每个人都面对着历史的机遇,但是同时也面对着历史的局限,因此,也就都只能执"一管以窥天"。这样,重要的就不是

"包打天下",而是敏捷地寻找到自己所最为擅长的"一管",当然也是最为重要的"一管"。西方生命美学思潮的作为阐释背景的出现,应该说,就是这样的"一管"(尽管,这或许是前一百年无法去执而后一百年也许就不必再去执的"一管"),也是我们在跨入新世纪之后所亟待关注的"一管"。这就犹如中国人接受佛教思想的影响,犹如吃了一顿美餐,而且这顿美餐被中国人竟然吃了一千多年之久。其中,最为重要的成果则是佛教思想中的大乘中观学说在中国开出的华严、天台、禅宗等美丽的思想之花。因此,在比拟的意义上,我们甚至可以说,西方生命美学思潮就正是当代的大乘中观学说,也正是悟入中国思想与西方思想之津梁。

这样一来,对于西方生命美学思潮的深入了解,也就成了当务之急。而且,"生命为体,中西为用",进而言之,中国生命美学传统与西方生命美学思潮之间的对话,在我看来,起码就包括三个层面。首先是对于西方生命美学思潮与中国生命美学传统之间的内在的交会、融合、沟通加以历史的考察,亟待说明的是:在明显不同的社会历史、文化传统、思想历程中,西方生命美学思潮何以呈现出与中国生命美学传统的某种极为深刻的内在的交会、融合、沟通?其次是对于西方生命美学思潮与中国生命美学传统之间的内在的交会、融合、沟通加以比较的研究,从而把中国生命美学传统与西方生命美学思潮各自在过去的阐释背景中所无法显现出来的那些新性质充分显现出来,做到:借异质的反照以识其本相,并彰显其独特之处。最后是对于西方生命美学思潮与中国生命美学传统之间的内在的交会、融合、沟通加以理论的考察,并由此入手,去寻求中西美学会通的新的可能性和新的道路,从而深化对于中国美学和西方美学的理解,达到古今中外的"视界融合",以把握今天的时代问题,解释我们的世界,为解决当代美学所面临的共同问题作出独特贡献。

"西方生命美学经典名著导读丛书"的出版之初衷也正是如此!

中国生命美学传统与西方生命美学思潮之间的对话无疑是一个大工程,非一日之功,也不可能毕其功于一役。为此,作为基础性的工程,我们所选择的第一步,是出版"西方生命美学经典名著导读丛书"。这是因为,只有经典名著,才是美学研究中的"热核反应堆",也只有经典名著的学习,才是美学研究中的硬功夫。这就正如费尔巴哈所说:人就是他吃的东西。因此,每个人明天所成为的,其实也就是他今天所吃下的。也犹如布罗姆所说:莎士比亚与经典一起塑造了我们。借助经典名著,中国的美学与西方美学也在一起塑造着我们。它们凝聚而成了我们的美学家谱与心灵密码。在此意义上,任何一个美学学人都只有进入经典名著,才有机会真正生活在历史里,历史也才真正存在于我们的生活里,未来也才向我们走来。

我们的具体的做法,则是选取西方的二十位与西方的生命美学思潮直接相关的著名美学家的经典名著,再聘请国内的二十位对于相关的名家名著素有研究的美学专家,为每一部经典名著都精心撰写一部学术性的导读。我们期待,这些美学专家的"导读",能够还原其中的所思所想、原汁原味,能够呈现其中的深度、厚度、广度和温度,并且希望能够跟读者一起去关注这些西方的生命美学经典名著怎样提出问题(美学的根本视界,所谓美学的根本规定)、怎样思考问题(美学的思维模式,所谓美学的心理规定)、怎样规定问题(美学的特定范式,所谓美学的逻辑规定)、怎样解决问题(美学的学科形态,所谓美学的构成规定),也希望能够跟读者一起去关注这些西方的生命美学经典名著是如何去表述自己的问题、如何去论证自己的思考,乃至其中的论证理由是否得当、论证结构是否合理,当然,也还希望跟读者一起去关注这些西方的生命美学经典名著中所蕴含的思想与创见,以及这些思想与创见的价值在当今安在。从而,推动着我们当代的生命美学研究能够真正将自己的思考汇入到人类智慧之流,并且能够做出自己的真正的独创。毕竟,就这些生命美学经典名著本身而言,它们都是所谓的问题之书,也是亘古以来的生命省察的继续。也许,在它们问世和思想的年代,属于它们的时代可能还没有到来。它们杀死了上帝,但却并非恶魔;它们阻击了理性,但也并非另类。它们都是偶像破坏者,但是破坏的目的却并不是希图让自己成为新的偶像。它们无非当时的最最真实的思想,也无非新时代的早产儿。它们给西方传统美学带来的,是前所未有的战栗。在它们看来,敌视生命的西方传统美学已经把生命的源头弄脏了,恢复美学曾经失去了的生命,正是它们的天命。也因此,我们或许可以恰如其分地称它们为:现代美学的真正的诞生地和秘密。在上帝与理性之后,再也没有了救世主,人类将如何自救?既然不再以上帝为本,也不再以理性为本,以人为本的美学也就势必登场。这意味着从"理性的批判"到"文化的批判",也从"纯粹理性批判"到"纯粹非理性批判",显然,这些生命美学经典名著提供的就是这样的一种全新的美学,它们推动着我们去重新构架我们的生命准则,也推动着我们去重新定义我们的审美与艺术。

需要说明的是,长期以来,我们的西方美学研究往往是教材式的、通论式的、概论式的,当然,这对于亟待了解西方美学发展进程的中国当代美学学人来说,也是必要的，但是，其中也难免存在着"几滴牛奶加一杯清水"或者三分材料加七分臆测的困境，更每每事先就潜存着"预设的结论"，更不要说那种"狗熊掰棒子，掰一个丢一个"的研究路数或者那种为研究而研究、为课题而研究的研究路数了，那其实已经是学界之耻。至于其中的根本病症，则在于忘记了或者根本就不知道西方美学研究首先要去做的必须是"依语以明义"，然后，才能够"依义不依语"，也因此，长期以来，我们的西方美学研究往往进入不了美学基本理论研究的视野，也无法为美学基本理论研究提供应有的支持。因为我们的西方美学研究与我们的美学基本理论研究基本上就是完全不相关的两张皮，也是两股道上跑的车。这一点，在长期的美学基本理论研究工作中，我有着深刻的体会。值得期待的是，从西方生命美学思潮的经典名著本身的阅读、研读、精读开始，而不是从关于西方生命美学思潮的经典名著的种种通论、概论开始，从"依语以明义"开始，而不是从"依义不依语"开始，也许是一个令人欣慰的尝试。维特根斯坦曾经提示我们："我发现，在探讨哲理时不断变换姿势很重要，这样可以避免一只脚因站立太久而僵硬。"在此，我们也可以把它作为在美学研究中"不断变换姿势很重要"的一次努力，也作为意在"避免一只脚因站立太久而僵硬"的一次努力。

"生命为体,中西为用"! 在未来的中国当代美学探索中,请允许我们谨以"西方生命美学经典名著导读丛书"的出版去致敬中国当代美学的未来!

是为序!

2021.6.14,端午节,南京卧龙湖,明庐

目　录

关于版本的说明 …………………………………… 1

导言 ………………………………………………… 1

　一、福柯简介 …………………………………… 1

　二、福柯思想的三个阶段 ……………………… 21

　三、《疯癫与文明》简介 ……………………… 78

　四、以生命哲学为视域 ………………………… 88

《疯癫与文明》导读 ……………………………… 117

　前言 ……………………………………………… 117

　第一章　"愚人船" ……………………………… 124

　第二章　大禁闭 ………………………………… 139

　第三章　疯人 …………………………………… 146

　第四章　激情与谵妄 …………………………… 153

　第五章　疯癫诸相 ……………………………… 161

　第六章　医生与病人 …………………………… 167

　第七章　大恐惧 ………………………………… 173

1

第八章 新的划分 ………………………… 179
第九章 精神病院的诞生 ………………… 184
结论 …………………………………………… 196
参考文献 …………………………………… 204
后记 ………………………………………… 207

关于版本的说明

1. 本导读采用的文本是福柯《疯癫与文明》一书的中译本（刘北成、杨远婴译，生活·读书·新知三联书店2019年版，修订译本）。

2. 中译本译自1965年英译本《疯癫与文明：理性时代精神病史》(Madness and Civilization: A History of Insanity in the Age of Reason)。

3. 英译本译自1964年《疯癫史》即法文版缩写本，福柯在英译本中补充了一些内容。

4. 法文版缩写本的全本是福柯1961年通过答辩的博士论文主论文，1961年由普隆书店出版，书名"疯癫与非理性：古典时期疯癫史"。

5. 法文版全本的中译本已由台湾学者林志明根据后来的通行版本翻译出版，书名"古典时代疯狂史"，简体字版2005年由生活·读书·新知三联书店出版。

6. 关于《疯癫与文明》一书的详细版本、译本情况，可以参考刘北成、杨远婴中译本"译者后记"和林志明译本

"译者导言"部分。

7. 本导读对于福柯《疯癫与文明》中译本的全部引文,均以括号注明页码,不再另外注释。

8. 本导读书名定为"疯癫考古学",理由如下:福柯有历史著作《临床医学的诞生——医学视觉考古学》,是对临床医学的考古;福柯也有理论著作《知识考古学》和《词与物——人文科学考古学》,是对于考古学方法的理论阐释及具体运用;《疯癫与文明》就是他运用考古学方法对于疯癫的研究;此书英译本前言中他就申明"我的目的不是撰写精神病学语言的历史,而是对那种沉默做一番考古探究"。

导　言

导言部分,力图对于福柯生平、著述及思想进行粗略的全景勾勒。思路如下:福柯生平与著作简介;福柯思想的几个阶段;《疯癫与文明》在福柯思想中的位置;19世纪以来西方哲学非理性主义转向的宏观背景,以及福柯对于尼采、弗洛伊德和法兰克福学派思想的继承;最后以福柯生命政治思想为视域,反观《疯癫与文明》的现实意义。

一、福柯简介

米歇尔·福柯(Michel Foucault,1926—1984),法国哲学家,法兰西学院思想体系史教授,在多个学科领域有很深造诣而且影响深远。福柯的生活和思想往往给人以惊世骇俗、离经叛道的感觉,其形成原因既有法国文化传统影响,也与时代精神相关,更与其个性密不可分。本节主要根据法国哲学家、社会学家迪迪埃·埃里蓬《权力与反抗:米歇尔·福柯传》一书,来粗略梳理福柯的生平及著述。

(一) 生活经历

就生活经历而言，福柯可谓家境富裕、事业顺遂、人生道路平坦。相比同辈哲学家，福柯实属幸运，他既没有罗兰·巴特求学时的经济困境，没有加缪幼年丧父、阿尔及利亚工人住宅区艰难成长的经历，没有萨特战场被俘的经历，没有德里达少年时期作为犹太人被赶出学校的经历，更没有法兰克福学派被迫流亡海外的经历。

但是福柯也有自己的深渊经验。

首先，时代气氛影响。福柯如此谈论中学时代，"当我试图追忆我的印象时，最使我惊讶的是几乎我的所有情感回忆都与政治形势密切相关。……战争的威胁充斥我们的生存天地和空间……我们的个人生活受到了严重的威胁，这或许就是我迷恋历史，迷恋个人体验和我们所亲身经历的事件之间的关系的原因。我想这也是我的理论欲求的出发点。"[1]所以福柯一直强调哲学的任务是理解当前、理解今天的我们是谁。福柯被一些正统的历史学家否定，认为他做的不是历史研究；福柯因参加政治活动而被视为左翼分子，又因为倾向美学被称作"保守主

---

[1] 埃里蓬：《权力与反抗——米歇尔·福柯传》，谢强、马月译，北京大学出版社1997版，第11页。

义"。如果把这样一个众说纷纭的福柯放到他自己的信条中,我们就好理解了。哲学既然是对历史和现实的思考而非形而上学建构,怎么能要求哲学只有一副面孔?怎么能将哲学家限制在单一的研究领域?福柯对疯癫的研究、对监狱的关注、对精神病学的兴趣、对知识的考古,都不是偶然的,而是一个哲学家对历史、现实和人自身的探索。

其次,家庭因素。福柯父母双方都出身医学世家,父亲是事业成功、受人尊重的外科大夫,家庭"底色"使福柯对于医学有一定了解,也有一定兴趣。但是父亲也给他造成心理压力,比如希望他学习医学,甚至为了激发他的勇气而逼迫他去参观外科手术,这种来自家庭的规训与惩罚或许使他最早觉知到权力的无所不在,也使得父子关系紧张。尤其是福柯加入共产党一事,使得保守的父亲怒不可遏。当福柯论及家庭内部的权力关系,比如父母对于孩子的精神控制和肉体惩罚,他应该是有切身体会的。

再次,个人因素。福柯的同性恋倾向,使他于巴黎高等师范学校求学期间承受着心灵屈辱,使他对于正常与反常、疯癫与文明有着独特的领悟。福柯与同学关系紧张,他孤僻而病态,甚至为自杀念头所困扰。"福柯难以适应这种集体生活,也难以屈从这种寄宿学校的群居方式……几乎成为众矢之的。他被视为半疯。"[1]因此,他不得不求助于圣·安娜医院的精神病医生。"这是他第一次接触精神病机构,也是他第一次接近这条他反复逾越的界限,这条划分'正常人'与'疯狂'、心理健全与精神病的界限或许并不像人们所想的那样准确。"[2]从福柯的上述经历,可以看出"我的所有作品都是自传"并非夸大其词,《疯癫与文明》的写作不仅与他心理学和精神病学专业背景有关,更与他自己"半疯"的经历有关。他亦师亦友的恩师阿尔都塞也是精神分裂症、躁郁症,居然在发作期间扼杀了妻子。

另外,对于尼采的热爱也并非偶然,福柯对于生命的悲剧性有同样深刻的领会。"在福柯身上存在着'古代睿智',这是真的,但他身上还存在着希腊伟大悲剧才具有的那种激情和愤怒的力量。"[3]他从罪犯、疯子们身上感受的,正是生命那种"激情和愤怒的力量",而这力量在"正常人"身上被抑制甚至被一劳永逸地消灭了。

以福柯热爱的诗人波德莱尔作为对照,福柯的确与波德莱尔一样叛逆:巴黎高师毕业后,他抱着终身不教哲学的想法远赴突尼斯;作为法兰西学院教授,他却热衷于

---

[1] 埃里蓬:《权力与反抗》,第31页。
[2] 埃里蓬:《权力与反抗》,第31页。
[3] 埃里蓬:《权力与反抗》,第328页。

为正统学界忽视乃至鄙视的领域;当然,最为人津津乐道的是他的同性恋行为。对此,最好以他喜欢的话作为回答:"发展你合法的怪癖吧!"

在生命的终点,福柯除了对恩师杜梅泽尔透露病情之外,对其他人几乎守口如瓶,他保持了外表的平静。生命应当有自身的界限,这至少是实践中得出的"真理"之一吧。这位喜欢躲在面具下的哲人,在生命后期委婉地坦白——坦白他的冒险、他的激情、他的地狱。他在坦白,不是在忏悔,忏悔是承认自己有罪和希望得到宽恕,这些对于福柯毫无意义。作为自我创造的模式,福柯的一生短促而绚烂。这一模式对福柯而言不是唯一的,对我们而言更不是。福柯的"纨绔风格"作为个人风格无可厚非;他的同性恋作为个人"怪癖"也不便多谈,但是由此引发的艾滋病夺走了他的生命,就未免遗憾。从人与自我的关系上讲,无论如何这不是最好的模式。赴日访问期间,福柯一度迷恋京都寺庙内的生活方式。"最使我感兴趣的是禅寺中的生活,比如修禅、训练方法及其戒律。"[①]如果福柯遵循了类似生活方式,那么生命就是另外一种结局。当然,还有很多可能的模式。就我们的态度来说,应该做的是探讨通向美好生活方式的可能途径,而

---

① 埃里蓬:《权力与反抗》,第349页。

不是将福柯的生活方式作为讨论的重点。

在对波德莱尔的分析中,福柯非常强调人与自己、时代的关系,但这不等于说,福柯要求每个人都来做波德莱尔式的自我创造者。在一次访谈中,福柯甚至说过下面的话:"寻找一种为每个人接受的、某种意义上也是每个人不得不屈从的道德形式,对我而言是种灾难。"① 体现在伦理学上,他的观点可能是"道德相对主义",但与人们指责的"虚无主义"是两回事。如果这是一条可能的路径,我们应该考虑的是福柯所提的一些问题。自我主体性的建构或曰生存美学实践,或许是虚无中的希望,反乌托邦理论的乌托邦前景。

1984年也即福柯去世那年,他写了《什么是启蒙?》一文,是针对康德两百多年前的《答复这个问题:什么是启蒙运动?》而写。按说,康德此文在他的三大批判面前毫不起眼,但福柯看重的,是康德对待"现时"的态度。"但对我来说,这是第一次,一个哲学家用如此贴近的、从内部进行的方式把他的工作的意义与对知识的尊重、对历史的反思和对特定时刻的独特分析联系起来。"② 福柯一

---

① David Couzens Hoy, ed. *Foucault: A Critical Reader*, Oxford and New York: Basil Blackwell, 1986. p119.
② 福柯:《什么是启蒙?》,见汪晖、陈燕谷主编《文化与公共性》,生活·读书·新知三联书店1998年版,第429页。

再强调,哲学的任务应当是理解现在,而康德的《答复这个问题:什么是启蒙运动?》就是对时代的独特反思和理解。福柯的《什么是启蒙?》一文提出了很多重要的问题,却未曾展开,需要后人的继续探讨和实践。它的里程碑性,不亚于康德的同题短文。福柯说:"如果康德的问题是了解什么是知识不得不放弃超越的界限,对我来说,……问题是把在必要限度的形式中实施的批判转化为一种实践的批判,它采取一种可能越界的形式。"[1]当统治西方两千年的基督教信仰已经丧失,当普遍性道德规范不再有效,什么是界限?什么是可以跨越的界限?什么是不得跨越的界限?在当代,界定道德与"怪癖"的标准是什么?我们怎样处理与自己、与社会的关系?无论对于我们的思想还是行为,这些都是回避不了的问题,福柯启发我们进行思考。

(二)学术经历

就福柯学术经历而言,福柯大学就读于巴黎高等师范学校,这是培养哲学家的摇篮;其学术生涯的巅峰是任职法兰西学院教授。就其学术影响而言,无论是在国际学界还是在中国学界,福柯都已产生巨大影响,至今盛名

---

[1] 福柯:《什么是启蒙?》,见汪晖、陈燕谷主编《文化与公共性》,第437页。

不衰,可以说福柯是当代法国哲学界乃至国际学界的顶尖人物。

然而,即使聪慧如福柯,求学之路也充满艰辛。1943年福柯高中毕业,进入普瓦捷的亨利四世中学的文科预备班,准备巴黎高师的入学考试,遗憾他1945年春季参加巴黎高师笔试未过。福柯1945年秋季入读巴黎的亨利四世中学文科预备班,并于1946年成功考取巴黎高师。由于巴黎高师没有毕业证发放资格,也没有学位授予权,学生只能在与巴黎高师的合作大学取得学位,所以福柯1948年于索邦大学获得哲学学士学位,1949年于索邦大学获得心理学学士学位。1950年参加哲学教师资格考试未获通过,1951年方得以通过。福柯在巴黎高师期间,受教于一些著名学者,比如让·依波利特、梅洛-庞蒂、乔治·康吉莱姆(或译岗奎莱姆)等。福柯所受直接影响来自康吉莱姆,他是福柯博士论文主论文导师,福柯为其《正常与病态》英译本撰写过序言。福柯大学期间还受到了马克思主义的影响,他在1950年加入了共产党,1953年由于了解到斯大林统治下的苏联情况而退党。

从1950年到1952年两年多的时间里,作为学生的福柯在精神病院实习,成为病人和医生之间的中间人。"福柯不仅在精神病院从事心理学家的工作,还在一所监狱里做同样的事情。……他身处'现场':他面对疾病的现实,面对病人的在场。他置身于两种监禁形式之间:对'疯病患者'的监禁和对'罪犯'的监禁。福柯本人就置身于这些被'察看''检查''验证'的人们之中。"[1]福柯的研究建立在对于监狱和精神病院的观察基础上,他得以接触精神病人和罪犯,甚至为每一个人建立病历卡,换言之,他拥有第一手资料。1952年福柯于巴黎心理学研究所获得精神病理学学位。

由于恩师杜梅泽尔的引荐,福柯1955年8月—1958年7月得以任职于瑞典乌普萨拉大学法国文化中心,主要任务是对外传播法国文化和法语。在乌普萨拉大学工作几年之后,1958年10月起福柯任职于波兰华沙法国文化中心。福柯的博士论文主要撰写于瑞典乌普萨拉大学任教期间,杜梅泽尔给予他的写作以很大帮助。得益于大学图书馆收藏的一大批16世纪以来的医学史档案、书信和各种善本图书,也得益于杜梅泽尔的不断督促和帮助,当福柯离开瑞典时,博士论文已经基本完成。

按照规定,博士论文出版后才可以参加答辩,所以福柯的博士论文1961年5月由普隆出版社出版。福柯于1961年5月20日在索邦大学参加博士论文答辩,获得文学博士学位。康吉莱姆对于论文高度评价,而且对于其

---

[1] 埃里蓬:《权力与反抗》,第59页。

资料的可信性给予肯定。答辩中有段佳话,福柯在答辩陈述中总结道,"要想谈论疯癫,需有诗人的才华",康吉莱姆的回应则是:"您恰好具备这点。"福柯热爱文学,尤其喜欢陀思妥耶夫斯基、纪德、布朗肖、贝克特等作家的作品。作为读者的我们,阅读中确实领略到福柯诗人一般的激情和想象能力。福柯此书不仅显示出"诗人的才华",而且有深厚的哲学、历史学、心理学功底。1965年由博士论文删节的英文译本《疯癫与文明》出版,此书在英法学界"反精神病学"的语境中获得广泛关注。

在博士论文答辩中,评委提出的问题非常关键,即:福柯能否真正摆脱现代精神病学制定的概念?以及,福柯对于精神病的阐释,是否基于对阿尔托、尼采和梵高的偏爱而延伸出的价值判断?可以说,这两个问题都质疑到福柯对于精神病能否客观把握,前者是认为福柯一方面批判精神病学,一方面并未逃脱精神病学语言,后者是指福柯滑向另一极,即对抗精神病学,夸大了精神病的价值。

福柯的回答无从得知。按照福柯自己的思想逻辑,确实很难完全摆脱精神病学的影响,因为每个人都会受到所处时代知识型(或译认识型)的影响,知识型是认识可能性的前提也是其认知的限度。但是福柯也提出,要尽可能摆脱外在影响并进行"差异思考"。笔者倾向于认为,福柯力图摆脱精神病学制定的概念,他的考古学基于史料,以客观冷静的笔触尽力写到"没有面目"(即客观中立)。另一方面,在对于哲学家和艺术家的分析中,他又呈现出截然不同的面貌,他深知精神病学的冷酷机制,他为被作为治疗对象的疯子辩护,他确实在做着"延伸"。那些热血、野性和悲痛的声音,在被精神病学的机器封闭之前,在被文明世界永远遗忘之前,福柯倾听并记录下这些声音。

由于克莱蒙-费朗大学哲学系主任对其博士论文的赏识,福柯得以于1960年10月到克莱蒙-费朗大学哲学系任职,并于1962年5月升任正教授。1972年12月2日,福柯就任法兰西学院思想体系史教授。70年代,福柯积极致力于各种社会运动,他以自己的声望支持旨在改善犯人人权状况的运动,并亲自发起"监狱情报组"以收集整理监狱制度日常运作的详细过程;他在维护移民和难民权益的请愿书上签名;与萨特一起出席声援监狱暴动犯人的游行活动;冒着危险前往西班牙抗议独裁者佛朗哥对政治犯的死刑判决。在生命的终点,福柯受着疾病的折磨,他以惊人的毅力和勇气写着他的著作,实践着他的美学主张:将生命作为艺术品来对待。

福柯有多重身份,历史学家、哲学家、心理学家、社会学家、评论家(文学、绘画、电影评论)。最突出的,是他洞悉一切的天赋,能够从文明的辉煌背景中提炼出疯癫这一幽微的历史轨迹。

就其人生经历和学术的关系而言,福柯的研究领域与其人生经历密切相关。

福柯有一句著名的话:"我的所有作品都是我自传的一部分。"并非说所有作品的意义都可以归结于其人生经历,亦非说作品都是他的"自我表现",而是说其作品主题以人生经历为契机,个人经历触发了问题意识。比如,大学期间因心理问题与精神病医生和精神病机构接触,是他以后关注疯癫问题的契机;性的研究以他大学期间受社会歧视的同性恋经历为契机;父亲的严厉控制或许是他热爱卡夫卡作品、研究规训权力的契机;在美国参观阿迪卡监狱的震惊体验,是他写作规训与惩罚机制的契机。但是福柯作品的意义远远超出于上述个人经历,正如父亲的威力使卡夫卡生活在阴影下,但是《判决》和《城堡》的意义远远超出了父子冲突主题。

福柯的家乡普瓦捷曾经发生过骇人听闻的囚禁事件。一个身份显赫的强势母亲阻挠女儿与贫穷律师恋爱不成,把女儿囚禁家中。当警察局收到匿名举报信,前去解救时,已经是二十五年之后。美丽的妙龄女孩已然形同骷髅并失去了语言能力,她被送往精神病院治疗,但是终生未能恢复清醒。福柯每当走近事发地大街,都会满怀恐惧。他在博士论文中没有提及这一悲惨事件,也未强调女性疯癫问题。但是,他对于疯子的同情态度,从这一事件可以得到说明。

1972年的一次访谈中,福柯论及参观美国阿迪卡监狱之后的感受,对于社会的"监狱体制"说了这样一番话:"传统社会学多是提出这一类问题:社会怎样能使诸个体共存?[……]而我则对相反的问题感兴趣,或者不妨说,对这个问题的反面答案感兴趣:社会通过怎样的排斥体系,清除什么人,建立怎样的划分,借助怎样的否定和摒弃手段才得以运作……"[①]五十年之后的今天,这一疑问依然振聋发聩。如果不能回答福柯的问题,那么建立人类命运共同体就是一句空话。

(三)学术定位

从学术定位来看,福柯被划归于"后现代哲学"阵营。后现代哲学以解构为特征,对于传统哲学所建构的"实在""真理""人""理性"等概念进行了解构,属于反形而上学、反基础主义、反本质主义、反理性主义、反人类中心论,但并不意味着虚无主义。

需要注意的是,"后现代哲学"与"后现代社会""后现代文化""后现代艺术"等概念有所不同,理应加以辨析说

---

① 埃里蓬:《权力与反抗》,第350页。

明。对于"后现代哲学"最为简洁明确的定义来自利奥塔《后现代状态:关于知识的报告》一书:"简化到极点,我们可以把对元叙事的怀疑看作是'后现代'。"①所谓"元叙事"(meta-narrative),即赋予自身合法化功能的叙事,比如启蒙叙事。若以罗蒂的概念来表述,则是对于"终极语汇"的质疑,"终极语汇"即是循环论证,"这类语汇之所以称为'终极的'乃是因为凡对这些语词的价值产生了疑惑,其使用者都不得不求助于循环的论证,以求解答。"②。利奥塔和罗蒂的上述观点有相通之处,都是从语言的角度切入,都是对于权力话语的解构。

确实,福柯的哲学体现出后现代哲学的解构精神,即指出知识的"话语建构"性质,而且指出"知识"与"权力"的伴生关系。作为后现代哲学家,福柯知识考古学和权力谱系学体现出与利奥塔和罗蒂相同的倾向,即对"元叙事"和"终极语汇"的解构,而与后现代文化、后现代文学艺术的"消费主义""虚无主义""相对主义"等相去甚远。福柯对于"疯癫""犯罪""性""主体""人"都进行了知识考古,在揭示权力作用之时,也指出主体重构的微末可能

---

① 利奥塔尔(又译利奥塔):《后现代状态:关于知识的报告》,车槿山译,生活·读书·新知三联书店1997年版,引言第2页。
② 罗蒂:《偶然、反讽与团结》,徐文瑞译,商务印书馆2003年版,第73页。

性。从具体流派而言,福柯与罗兰·巴特和德里达一并归属于"后结构主义"阵营,以文本中心论、主体死亡等为特点,福柯的独到之处在于对于知识—权力关系的深入揭示。

福柯表明,刚刚踏入学界时面临三种选择:现象学、马克思主义和结构主义。福柯巴黎高师期间听过梅洛-庞蒂的课程,但是他自己的研究与现象学并不契合;他与马克思主义有一定关联,他短暂加入过法国共产党后又退党,他关注权力、阶级和经济,但是他的"微观权力"概念不同于马克思主义的权力分析;他被作为"结构主义者",又被称为"后结构主义者",但是其考古学和谱系学有着不同于结构主义和后结构主义的独特性。

(四)"专业型知识分子"

福柯解构了抽象的"知识分子"概念,他声称"没有遇到任何知识分子""对我来说他们根本不存在"。福柯以特殊型知识分子(specific intellectual,指专业知识分子)取代普遍型知识分子(universal intellectual,指公共知识分子),"特殊型知识分子"并不意味着放弃公共知识分子的责任,并不意味着对于公共事务的冷漠,而是意味着作为"知识分子"应该有自知之明,即自己只能从"专业知识"的角度发言,不能作为一切知识领域的权威,更不能自我美化为真理和良知的化身。

这是后现代哲学逻辑使然。以罗蒂"自由主义的反讽主义者"(liberal ironist)概念作为对照,可以有助于理解福柯这一主张。在《哲学和未来》一文中,罗蒂说:"鉴于柏拉图和康德希望从某个外在的立足点,关于必然的和不变的真理的立足点,来审视他们生活于其中的社会和文化,晚近的哲学家已经逐渐地放弃了此类希望。……我们务必把哲学家曾经与牧师和圣人分享的那种角色转变成与工程师和律师有较多共同点的某个生活角色。"[1]面对公共事件,需要的是有良知、勇气的"专业知识分子",比如法律工作者、医务工作者、教育工作者对于各自领域的社会事件作出判断,而且勇敢地公布"真相",他们的判断理应更有专业水准,因而令人信服。

罗蒂延续了将个人完美与人类团结相联系的思路,其独创概念"自由主义的反讽主义者"也是一种调和。他不再试图从理论上结合二者,而是将二者视为两个领域的事情,一为私人领域,一为公共领域,二者不可融合,不能以人类团结的名义否定个人完美,亦不应以个人完美之名忽略人类团结。个人在私人领域是不断质疑旧语汇,致力于创造新语汇的反讽主义者,在公共领域是认同

---

[1] 罗蒂:《实用主义哲学》,林南译,上海译文出版社2009年版,第263页。

"不要残酷"的自由主义者,两个领域可以并行不悖。罗蒂认为反讽主义者的信念没有任何基础,但至少有一个愿望即"苦难会减少,侮辱会终止"[①],这使反讽主义者成为最低限度的自由主义者。理论上二者是分离的,有各自的领域,所以罗蒂不在理论上结合二者,而是主张在实践中结合二者。可以看出,每个个体的人生意义在于成为私人领域内的审美主义者,而公共领域则应该成为自由主义者。罗蒂所言的"自由主义者"与"反讽主义者"表面上似乎不相容,自由主义者有坚定的信念,反讽主义者则充满怀疑精神。比如,如果自由主义者也像反讽主义者一样"永远无法把自己看得很认真",对自己信奉的自由主义"抱持着彻底的、持续不断的质疑",他怎么坚守自由主义信念呢?罗蒂又是怎样把两个概念令人信服地结合在一起的呢?关于对他的质疑,即反讽主义者并不能成为自由主义者,罗蒂指出其私人领域和公共领域的二分不能成为反驳的理由。其实罗蒂于私人领域和公共领域的二分字面上是加强了这一质疑。罗蒂的解决方案并不是回归普遍人性,而是寻找人类的共同感受。"如果我们相信,我们全部都有一个无上的义务,必须减少残酷,

---

① Richard Rorty, *Contingency, Irony, and Solidarity*, Cambridge University Press, 1989. p.xv.

并使人们在遭受苦难的机会上是平等的,那么我们似乎必须承认,人类一定有某种独立于他们所说的语言的面向,值得尊重和保护。这就暗示,重要的是一种非语言的能力,亦即人们感受痛苦的能力,相较之下,语汇上的差别则不很重要。"① 按照罗蒂的定义,"反讽主义者"是质疑一切"终极语汇"的人,与其形成对照的并不是"自由主义者"而是"形而上学家",因此"反讽主义者"和"自由主义者"理论上并不冲突。按照罗蒂的逻辑,反讽主义者不断地为自己,也为秉性特异的人士开拓生活空间,显然罗蒂并不赞同大多数人对于反讽主义者的偏见,即反讽主义者是可疑、危险、酷爱解构的。作为后现代哲学家,福柯也是质疑一切终极语汇的人,其反形而上学的立场是毫无疑问的。

从质疑"终极语汇"的角度,罗蒂将"反讽主义者"区别于"形而上学家"。罗蒂所谓"形而上学家",指的是"他完全相信,一个词语在他的终极语汇中出现,就表示该词语必然指涉某个具有真实本质的东西"。② 相反,"反讽主义者是一位唯名论者(nominalist),也是一位历史主义者(historicist)。她认为任何东西都没有内在的本性或真实

---

① 罗蒂:《偶然、反讽与团结》,第125页。
② 罗蒂:《偶然、反讽与团结》,第107页。

的本质……反讽主义者花时间担心她是不是可能加入了错误的部落,被教了错误的语言游戏。"[1]反讽主义者与"形而上学家"不同,反讽主义者是怀疑主义者,质疑终极实在,只是在不同语汇之间进行比较。显然,反讽主义不是只有个人完美维度,而是有其社会关怀维度,但是其语汇的社会关怀维度被罗蒂认为是无用、无益的,比如海德格尔的"欧洲""民族"等语汇。因此反讽主义者基于对自己现有语汇的质疑,产生倾听他人意见的渴望,同时对他人语汇保持质疑,然后达成暂时的"共识"。"共识"的达成不是基于普遍理性而是各种偶然因素使然;"共识"也不是永恒不变的,而是针对特定的事件的共识,所以很快会失效;既然是暂时的而为何要坚持,因为它是当下能够找到的比较好的方案,更好的方案超出了大家目前的想象力,而且无法判断什么是最好,所以罗蒂说"最好是更好的敌人"。可以说罗蒂这一理论缺乏深度,却不能否认其实用性、可操作性。

罗蒂将尼采和海德格尔界定为"反讽主义理论家"而将福柯界定为"反讽主义者",认为他们的意义在于私人领域,这种区分未免绝对了。尼采、海德格尔和福柯的思想已经对政治、道德、文化产生了极大影响,比如福柯的

---

[1] 罗蒂:《偶然、反讽与团结》,第107页。

"知识/权力""规训""生命政治"等概念早已成为大众的自我启蒙工具。

后现代哲学对于"知识分子"概念的解构是如此犀利。当萨义德声称"知识分子的公共角色是局外人、'业余者'、搅扰现状的人"之际,他也是体现了后现代哲学的知识分子观。只需看下历史和现实,确实会发现"知识分子"作为活生生的个体是鱼龙混杂的,福柯的质疑"谁是知识分子?"并不过时。解构"知识分子"概念并非意味着放弃责任,而是要除去笼罩在"知识分子"头上的光环,拆穿他们的真理游戏,解除他们自诩的高贵身份。

罗蒂批评福柯,认为他缺乏"我们"意识。罗蒂将自己归为法兰克福学派一脉的左派,以区别于另外的一脉即福柯式对于民主社会不寄希望的左派。福柯一向警惕普遍性的称谓,既没有作为先验认识主体的"我们",也没有作为利益共同体的"我们",只是在特定语境中、具体问题上暂时地达成同盟的"我们",问题一旦解决则"我们"就自动解体了;而"道德共同体"对于福柯之类特立独行人士而言只能意味着"灾难";相比罗蒂将美国式民主视为现存制度中最理想的,福柯对于现代社会"生命政治"的揭示更为惊心动魄、更为意义深远。

就福柯自己来说,他当然属于罗蒂意义上的"自由主义的反讽主义者",他当然致力于解构的同时在捍卫着

"不要残酷"的信念。福柯也有双重身份,公共领域内他是积极的社会活动家,私人领域内他是推崇"人生是艺术品"的审美主义者。他作为哲学家,研究的领域不止传统意义上的哲学,而是跨界——疯癫、犯罪、性。

二、福柯思想的三个阶段

福柯思想有几个鲜明的阶段,每个阶段都有独特的方法和著述。

20世纪70—80年代初福柯经常前往美国讲学,1979年10月在美国斯坦福大学演讲时,福柯结识了加州大学伯克利分校的两位教授德赖弗斯、拉比诺。两位学者对于福柯思想表现出浓厚兴趣,撰写了《超越结构主义与解释学》一书,此书对于福柯从20世纪60年代早期的《疯癫与文明》到60年代中后期的考古学理论著作、70年代的权力谱系学思想脉络进行了清晰梳理介绍,是一本影响很大的福柯研究著作。由于当时《性意识史》只出版了第一卷(第二、三卷1984年出版),这本书对于福柯晚期思想无法进行充分研究。

福柯密友德勒兹在《福柯》这本书中指出福柯著作中的三个主导概念即知识、权力与自我,是对应了福柯学术研究的三个阶段:知识考古学时期、权力谱系学时期、生存美学时期。若以"主体"概念为视域,可以看清三个阶段有内在的逻辑连接。本节就按照这三个阶段的划分,来粗略梳理福柯的思想脉络。

(一)知识考古学

作为后现代哲学家的福柯,更细致的学术定位被认为是从"结构主义"发展到"后结构主义"。确实福柯的思想与"结构主义""后结构主义"有千丝万缕的联系,或曰是"结构主义""后结构主义"的不同面相。然而,无论是置于后现代哲学视域中还是结构主义—后结构主义视域中,福柯的思想和方法都有其独特性。

关于福柯的考古学,德莱弗斯和拉比诺撰写的《超越结构主义与解释学》一书做出了精准定位"超越结构主义与解释学",即福柯的考古学与结构主义和解释学相通而不同。就此问题域而言,福柯与另外两位后结构主义者罗兰·巴特和德里达也有明显差异。

体现福柯考古学方法的两部学术著作是《词与物:人文科学考古学》(英文版改名为《事物的秩序:人文科学考古学》)和《知识考古学》。按照德赖弗斯和拉比诺的说法,《事物的秩序》的真正副标题是"结构主义考古学"。福柯《词与物》最重要的贡献是"知识型"概念的提出。福柯区分过三种知识型:文艺复兴时期知识型、古典知识型、现代知识型。在《词与物》一书开头,他就以对委拉支贵兹的油画《宫娥》(1656)的分析,让我们明白,在古典时期,作为知识主体的"人"并不存在。按照福柯的分析,这幅画的主题是表象,没有一个作为主体的人将一切统一起来并赋予意义。当古典话语崩塌,"人以他模糊的形象出现了,作为认知的主体和知识的客体:被奴役的君主,被观察的观察者,他处在属于国王的位置。"①人成为世界秩序之源,居于一种特权地位。但是,人又是有限的,相对生命、劳动和语言,"他的知识向他揭示出所有这些内容都是外在于他的,是先于他的。它们的紧密性促使他、压迫他、穿越他,就好像他只是大自然的客体之一,历史进程中注定要锈蚀的面孔。"②关于人的有限性,福柯有这样一个观点,即康德等哲学家不仅不悲叹人的有限性,反而利用人的有限性,或者说认识的局限反而成为知识可能性的基础,人的被奴役、被限定反而使他成为主宰。显然,这里福柯指的是现代哲学的认识论转向,即作为认识主体的"人"被建构出来。福柯擅长考古学发掘,即从考古学的层面来看,一件事物是怎样进入、沉积为知识的,这一知识的存在条件、构成机制是什么。比如,疯癫作为

---

① M. Foucault, *The Order of Things: an Archaeology of the Human Sciences*, London: Tavistock Publications Limited, 1970. p312.

② M. Foucault, *The Order of Things: an Archaeology of the Human Sciences*, p313.

一种现象早已存在,为什么只有到了19世纪,疯癫才被定性为"精神疾病",疯子才被定性为"病人"?

因而,福柯认为作为认识主体的"人"不过是现代知识型的构造,这一构造貌似完善,实则为理论怪圈。福柯对"人"的分析,集中于经验—先验、我思—无思、起源的回溯与回归三个对子中。先来看经验—先验。人作为生活着、劳动着、言说着的人,是处于经验中的人,知识的条件和可能性呢?是像康德设想的,人具有一种先验的感性直观能力,从而"空间和时间(连同纯粹理智概念)先天地给一切可能经验立法,同时并提供可靠标准以便在经验之中区别真实性和假象"。[①]福柯则认为知识的形成有其历史的、时代的、个体的诸多因素。福柯分析知识时,往往从经济学等社会科学和哲学、文学、语言学等人文学科入手,关注的是具体的、特定领域的知识建构。福柯考古学要考察的问题之一就是:理性是怎样通过排斥非理性以确立自身地位?以这种眼光来看,理性本身就需要为自己的合法性作出说明,它根本不能作为知识的基础。

再来看我思—无思。以福柯考古学来看,一个人所

---

① 康德:《未来形而上学导论》,庞景仁译,商务印书馆1978年版,第174页。

思、所写、所说都密密交织在他人的话语和文本里,根本不存在一个纯粹的"我思"。围绕在"我思"周围,使"我思"成为可能的"无思"(unthought)永远不能完全进入"我思",它对"我思"保留着其黑暗和神秘。另外,联系福柯写作《词与物》的初衷,有助于我们理解"我思"的有限性。当福柯读到博尔赫斯小说中的"中国人动物分类表",他爆发出了大笑。福柯笑的不是作家天马行空的想象,不是中国人动物分类的荒诞不经,他笑的是西方理性的狂妄:西方将不符合自己标准的一切称为不科学的、反理性的,却不知东方有自己的认知秩序。对于西方人而言,"中国人的动物分类知识"就是一片无法思考的盲区。什么是人们能够思考的,什么是人们无法思考的,很大程度上由他们生活其中的文化传统、个人境遇决定。从这个意义上讲,"我如何思"需要以"我如何在"来说明。

福柯宣称,"18世纪末以前,人并不存在……知识的创造者用自己的手制作了人,还不到两百年。"[1]福柯关于"人之死"的论述,主要见于《词与物》一书,"人"这一概念的诞生和消失要从词与物的关系角度入手:人在词与物的组合中曾经占据、即将占据什么位置。而要论及词与

---

[1] M. Foucault, *The Order of Things: an Archaeology of the Human Sciences*, p308.

物的关系,还必须从福柯的"知识型"谈起,"知识型"决定着某一时期的"话语构成",或者说知识型是构成特定时代知识体系的共同的无意识基础。福柯"人之死"的宣告不是故作惊人之语,也并非轻巧的游戏之辞,而是指出"人"只是"现代知识型"的话语建构,势必随着新的认识型的出现而消失。福柯一再申明,哲学的任务应当是理解当前、理解我们是谁。而要知道我们是谁,首先就要知道我们被"界定"为什么。"人之死"中的"人",根本不是具体的、历史的人,而是一种话语建构,或者说一种知识。

总之,福柯通过对人的经验—先验、我思—无思、起源的回溯与回归的分析,指出 18 世纪末以来人的存在的探讨和人文科学研究都陷入了这一悖论不能自拔:人文科学由于陷入这一"人类学迷梦(the anthropological sleep)"而根本不能成为科学,"人"这一历史的暂时现象也会如沙滩上的足迹一般,被语言分析的浪头冲刷尽净。

在西方哲学史上,曾经发生过这样两次转向:18 世纪末的"认识论转向"和 20 世纪初的"语言学转向"。具体而言,文艺复兴之后,"主体"这一概念开始居于人文科学的中心;笛卡儿"我思故我在"的思维主体的确立使西方哲学发生了认识论转向;康德开启的"哥白尼式革命"更是将主体性问题提升到前所未有的高度;20 世纪初开始的语言学转向预示着对于主体的消解。具体到20世纪的法国思想界,结构主义和后结构主义是"语言学转向"最为集中的体现。结构主义最初被作为一种方法(如皮亚杰在《结构主义》中就列举了结构主义在数学、物理学、心理学、语言学等方面的运用),尔后却被当作一场运动。要谈论结构主义,不能不从索绪尔结构语言学谈起。索绪尔首先区分了语言(language)和言语(parole),语言学的研究对象是语言而非言语。索绪尔关于语言能指和所指二元对立的思维模式被结构主义所继承,却被后结构主义所抛弃。法国结构主义被认为肇兴于列维-斯特劳斯《野性的思维》一书。但是,"结构主义"在内涵、特征、范围上是非常难以确定的,比如,有阿尔都塞的马克思主义结构主义、拉康的精神分析学结构主义、罗兰·巴特符号学结构主义、列维-斯特劳斯的人类学结构主义等,也有学者把福柯和德里达都划入结构主义的阵营。尽管流派众多,还是可以总结出一些共性,比如:将结构视为一个自足的系统,肯定语言在人文科学研究中的极端重要性,主体地位的相应衰微等。列维-斯特劳斯写道:语言"是在意识和意志之外(或之下)的,语言是一种非反思的整合化过程。它是一种自有其根据的人类理性,对此人类并不认识。如果有人反对说,语言之所以如此正是因为有一个依据语言理论而把它内在化的主体,我则认为必须拒绝这种遁词"。① 就是说,结构主义已经使得主体偏离了中心。但是,结构主义关注深层结构的倾向,被继起的后结构主义认定是形而上学的最后堡垒而抛弃。20世纪60年代,以德里达为代表的后结构主义取代结构主义,代之以更具游戏色彩和开放性的文本阅读。

福柯以对主体的考古学研究(话语分析)和谱系学研究(权力分析)既消解了主体也宣布了"人"的终结。一方面,他的考古学理论关注话语规则,被认为与结构主义相关;另一方面,考古学忽略深层结构和历史连续性,注意历史中的断裂,又被认为契合后结构主义。福柯则同时拒绝这两种称号。福柯的考古学与通常意义上的考古学也不同。福柯的考古学并非对古代社会的研究,他把近现代的医学、人文科学都纳入考古范围;传统考古学寻求历史发展的普遍规律,福柯的考古学则注重历史发展中的断裂和不连续;传统考古学的对象是历史遗物或遗迹,福柯考古学的对象则是人文社科领域的知识。至于福柯为什么选取这么一个冷僻的名字命名他的方法,也许是他要把"知识"还原为没有价值色彩的"话语",从而考察

---

① 列维-斯特劳斯:《野性的思维》,李幼蒸译,商务印书馆1987版,第288页。

隶属同一"知识型"的知识体系共同的"话语结构"及这些"知识"产生的无意识基础。

从方法角度说,福柯的考古学是拒绝主体的中心地位的。在《知识考古学》这部严谨乃至晦涩的著作中,他强调考古学方法关注历史分析中的断裂、变化而非连续;其次,拒绝主体的中心地位,代之以话语分析。其实这两方面有着内在一致。福柯关注断裂、非连续性,并非否定一切连续性,而是意识到在历史连续性理论的背后有一个主体在操纵、涂改着历史,"连续的历史是一个关联体,它对于主体的奠基功能是必不可少的:这个主体保证把历史遗漏掉的一切归还给历史……将历史分析变成连续的话语,把人类的意识变成每一个变化和每一种实践的原主体,这是同一思维系统的两个方面。"[1]在连续的历史观中,主体将所有历史事件划入一个假想的意义整体,从而确保自身的话语权。福柯引入断裂、非连续与偶然因素,就是要把主体推下这一虚设的神坛。他论证说,马克思以对"生产关系、经济决定论和阶级斗争"的分析,尼采以对道德的谱系分析,已经偏离了主体,但是人们却将马克思人本主义化,将尼采的谱系学扭曲为对起源

---

[1] 福柯:《知识考古学》,谢强、马月译,生活·读书·新知三联书店1998年版,第15页。

的追溯。

话语理论在福柯的考古学方法中地位十分重要。福柯在扬弃连续性主题的基础上，否定传统分类单位如"书""作品""作者"等，而代之以话语描述。话语描述不同于语言分析：前者是关于话语如何出现的考察，后者注重规律、系统。话语描述不同于思想史，思想史要在话语表层之下搜寻深层意义，而话语分析关注话语自身（话语的存在条件、极限）。至于话语与主体的关系，福柯并不将话语归属于主体，而是认为主体仅仅作为话语的表述功能而存在。话语不是指向人的意识层次，而是人的无意识层次；不是关心"谁在说话？"，如果人云亦云，谁在说话又有什么关系呢？

福柯当然不是要否定作者的独创性，相反他对能开创新的话语规则的人十分推崇，但是他强调的是另外一端。他力图说明：一个人的话语和作品是怎样密密地交织在他人的话语、作品里，以至于难以搞清到底是谁的声音。在一次讲座开场白中，福柯说过这样一番话："我希望我能悄悄地进入我今天应当开设的讲座……我希望我无须开始，而宁可发现我被语词所包围，宁可接受并超越任何可能的开始。假如没人注意的话，我倒是希望在我的前面长久存在一个无名的说话声，以便在我转身之际，我只得接受它正在谈论的东西，只能延续语句，只得将自身置于它那无人注意的缝隙,仿佛它凭借暂且的终止创造了某个对我来说是开始的符号。"[1]在话语的缝隙里,福柯毕竟属于开创了新的话语规则的人。作为考古学家,福柯希望中立、客观地进行研究,而排除任何的先验设定与主观因素。就是说,既将研究对象的真理性存而不论,又将研究者作为价值中立的旁观者。如果说福柯认定连续的历史观背后有一个主体在涂改历史,那么考古学家福柯是想恢复历史原貌的。

如果说福柯在《词与物》中从理论层面论证了"人之死"的必然性,那么在《规训与惩罚》《性意识史》等著作中从实践层面说明"人之死"的确实性。在解构了这两个"主体"之后,他把主体的可能性放在了审美—伦理主体即自我构成的主体。

(二)权力谱系学

福柯在《词与物》一书中指出人文科学的出现和"人"的诞生只是近两百年内的事情,作为现代知识型的产物,它们遵从同样的话语规则,有着同样的无意识基础,但是他未曾考察人文科学和"人"的出现是否有着权力因素。这一考古学的局限在他转向尼采的谱系学时得到弥补。

---

[1] 谢里登:《求真意志——密歇尔·福柯的心路历程》,尚志英、许林译,上海人民出版社1997版,第159页。

在《规训与惩罚》《性意识史》等著作和访谈中,福柯详尽阐释了人是怎样屈从于权力、怎样"被构成"为"主体"的。

首先,何谓"权力"?

福柯没有通常意义上的权力理论。福柯的权力概念不是某个阶级、团体、党派对另一阶级、团体、党派施加的暴力,而是涉及众多方面的一种复杂关系网络。他认为没有人能够完全拥有权力,没有人能够站在权力的对面观察、分析、清除它,甚至知识分子也是权力的一部分。福柯曾以圆形监狱为例说明权力怎样深入犯人的肉体乃至无意识:犯人由于不知道是否正被监视、被谁监视,他就每时每刻生活在自我审视里,长久下去他成了自己的看守,至于是否有人监视就无关紧要了。

福柯一再指出,权力不仅压抑而且制造。传统的监禁通过限制、处罚罪犯来达到目的,可能使得罪犯产生逆反心理,给社会增添新的不稳定因素。现代社会表面上看来更文明、更人道,实际上更可怕,它从根本上扼杀了对立面出现的可能性,"社会成为一个规训性社会正在于这样的事实:规训不产生对立面"[1]。或者说,社会不再需要以暴力来对付异类,社会的"规训机制"下根本就产生

---

[1] Francois Ewald, *"A Power Without Exterior"*, in *Michel Foucault Philosopher*, Pearson Education Limited, 1991. p170.

不了异类。

　　福柯关注的是细节的、具体的权力运作,他称之为"权力的微观物理学",对于权力的微观分析正是福柯的独创。福柯批判了下面的权力观:权力是被占有的;权力是以镇压(压抑)的方式实施的;权力是自上而下的。他提出了相反的权力观点:首先,微观权力"不应被看作是一种所有权……这是一种被行使的而不是被占有的权力";其次,权力不是固定的,或者说不只是压抑的,而是在行使过程中得以传播、扩散;权力不仅是自上而下的,不仅是集中于某些机构或阶级,而是有无数的作用点,"每一点都有可能发生冲突、斗争,甚至发生暂时的权力关系的颠倒"。[①] 意味深长的是,福柯对于"被规训的孩子"感到恐惧,而对于流浪汉和罪犯表示了同情甚至赞美;他从前者看到的是"既驯顺又能干的肉体",从后者看到的则是热爱自由的精神。福柯对于卡夫卡的热爱绝非偶然,卡夫卡出于同样的原因美化罪犯和犯罪。对于大众而言,犯罪的危害有目共睹,犯罪的积极性却不被重视。有些犯罪体现着自由的永恒光辉,动摇着僵化的社会体制,对抗着社会的不公不义。就是说,在个体自由与

---

① 福柯:《规训与惩罚》,刘北成、杨远婴译,生活·读书·新知三联书店1999年版,第29页。

社会稳定之间存在一种张力,彼此抗衡、制约,福柯曾用过一个极为形象的词"格斗"来说明二者关系。

如果我们用福柯的这些观点分析卡夫卡的作品,会发现它们是得心应手的工具。在刻画人类心灵遭到强力的践踏方面,卡夫卡达到了无与伦比的深度。反之,通过阅读卡夫卡的作品,我们能够加深对福柯理论的理解。作为表现主义作家,卡夫卡不是描绘所谓客观真实,而是致力于揭示内心真实。文学艺术最能传达体验的细微、朦胧之处。中国古人有"立象以尽意"的观点,即当清晰、理性的语言不能传达心中的感受时,不妨以"象"来传达感受。卡夫卡可谓这方面的行家里手。他的每一部作品都以独创的形象表达他对权力的理解。权力的极端形式是毁掉一个人的生命,这种情况毕竟少见。司空见惯的是,权力无孔不入地渗透进人们的日常生活。《城堡》中的土地测量员与弗丽达做爱时两个助手也在身旁,这类权力才是最为可怕的,因为它无时无处不在,如同毒气弥漫于个体的日常生活。福柯的"微观权力"往往与规训相关,这是一种更隐蔽更普遍的权力关系,它广泛存在于军队、工厂、学校、家庭等,对此人们并非毫无察觉,只是不愿承认或不敢正视,甚至对此权力关系加以美化、神圣化。

福柯以特立独行著称,甚至被认为惊世骇俗,卡夫卡则被视为"弱的天才",他自称为"一切障碍都在摧毁我"。然而,性格及行为上的差异并不能遮掩他们思想上的相通。最为明显的,是他们对权力的看法很相似。福柯认为"微观权力"无所不在,这在卡夫卡小说中得以验证。卡夫卡写出了个人尊严被侵犯,这种侵犯发生得太过频繁,已经引不起当事人的愤怒,只能是无奈和悲哀。K常常因为无处不在的权力而筋疲力尽,却始终不曾放弃抗争。在卡夫卡的许多小说中,主人公都是申诉者:《审判》中的儿子,《诉讼》中的约瑟夫·K,《法的门前》中的乡下人,《城堡》中的土地测量员。权力无时无刻不在发挥着规训的功能,权力把人束缚在特定位置上,任何不服从规训的人都没有立足之地。不仅官员们这样想,就连普通民众也是这样想,比如《城堡》中几乎所有的人都指责K的"无知""孩子气"和"执拗"。福柯赞美罪犯的勇气、尊严、自我意识,他从那些罪犯和疯子身上发现了生命最不屈、最炫目的燃烧。文学史上不乏对撒旦的赞美,弥尔顿、拜伦和波德莱尔无不把撒旦作为阳刚美的化身、勇敢智慧的英雄。在卡夫卡这里,小说就展现了矛盾双方于无声处见惊雷的较量。说是较量,其实胜负早以定下。乡下人在做徒劳无功的对抗,这悲惨的对抗不免显得滑稽。

与西方哲学重灵魂轻肉体的倾向不同,福柯更注重身体体验。他认为西方现代性进程不仅要求身体服从"政治经济学"即效益的需要,更要制造驯服的身体。由身体的被规训,延伸为意识的自我看守。权力不仅压抑而且制造,不仅制造何谓正常、何谓疯癫与犯罪的话语而且制造肉体——驯顺的肉体。传统的监禁通过惩罚来达到目的,会使得罪犯产生逆反心理,给社会增添新的不稳定因素。实行"监狱体制"的社会使得人们成了自己的看守。这样,社会不必以暴力来对付异类,而是从根本上取消了异类出现的可能性。

其次,何谓"谱系学"?

与法国当代思想家一样,福柯深受尼采影响。尼采既为福柯提供了批判性眼光,也为福柯提供了批判的方法——谱系学方法。福柯对于理性、主体、人的解构,与尼采对上帝、真理、道德的解构如出一辙。以谱系学眼光来看,上述概念不过是话语建构,在不同时期、对不同的人而言具有不同含义。福柯与尼采的确有着惊人相似,他们都不是皓首穷经的学者,而是满怀激情的哲学家(参考尼采对学者与哲学家做的区分)。尼采在《论道德的谱系》这部后期著作中对于"道德"一词作过谱系学的梳理:根本不存在以形而上学为基础的道德标准,只有对于道德的不同解释。关于尼采对自己的影响,福柯曾说,他不评论尼采,他只运用尼采的方法。福柯关于谱系学的理论见《尼采、谱系学、历史》一文。他指出谱系学研究是项"……文献工作,它处理各种凌乱、残缺、几经转写的古旧文稿"①,"谱系学要求细节知识,要求大量堆砌的材料……它反对理想意义和无限目的论的元历史展开,它反对有关起源的研究"②。可见,福柯继承了尼采谱系学的基本特征,如注重细节研究;搜寻被遗漏的、残缺的史料,以揭示隐蔽的权力或家族关系等。福柯的谱系学很大程度上得益于尼采,也有所不同。第一,他认为大家一直将尼采误解为寻找起源,而尼采根本不关心起源,尼采关心的是"散落的东西""偶然事件"和"细微偏差"。福柯在这点上与尼采一致。第二,他认为尼采有时给人造成误解,即历史是连续的和累积的。福柯提醒我们注意:历史充满断层和裂缝,谱系学不是要重建连续性,而是要记录这些断层和裂缝。第三,福柯和尼采都反对认知主体的僭越。尼采将谱系学称为"历史感性"这一内涵模糊的概念,福柯则将"历史感性"进一步明确为"一种解散性目光"——"它能解散自身,能消解那种被认为统治着历史的人类存在的统一性。"③福柯自称"尼采主义者",他也确实运用着

---

① 福柯:《尼采、谱系学、历史》,见杜小真编选《福柯集》,上海远东出版社1998年版,第146页。
② 福柯:《尼采、谱系学、历史》,第146—147页。
③ 福柯:《尼采、谱系学、历史》,第156页。

尼采的眼光和方法。

再次,权力谱系学。

如果说福柯考古学摒弃了认识主体的中心地位,那么他的谱系学具体考察了"主体"在现实社会里的处境:人们处于权力网络之中而失去自由自觉性。福柯对权力如何作用于人的最好阐释,见于他的《规训与惩罚》一书。翻开第一页,可以看到对法国大革命前惨不忍睹的行刑场面的描述。犯人由于刺杀路易十五未遂而被处以极刑。接下去是对八十年后"巴黎少年犯监管所"规章的列举。福柯想以此说明,惩罚机制发生了变化:作为公共景观的酷刑逐渐消失,惩罚越来越隐蔽。福柯是在赞扬现代监狱的"文明"和"人道"吗?他的目的显然不在这里,他其实是想展示监狱与犯人之间新型的权力关系。福柯写作此书,仅仅要提供一部监狱的历史吗?不!福柯说明,他写作监狱的历史并不是对过去感兴趣,"如果这意味着从现在的角度来写一部关于过去的历史,那不是我的兴趣所在。如果这意味着写一部关于现在的历史,那才是我的兴趣所在。"[①]福柯的所有历史著作(包括《疯癫与文明》《临床医学的诞生》和《性意识史》)都不仅是对过去的考证,更是对现在的反省,福柯作为一个思想家的意

---

① 福柯:《规训与惩罚》,第33页。

义也正在这里。

福柯眼里的"现在"是怎样一幅景观呢？可以说，启蒙思想家曾经多么自豪，福柯今天就多么担忧：他看到了无处不在的权力。他用了一个词"规范化"(normalization)来表达权力的作用。福柯以边沁的"全景敞视建筑"为例，它是一个环形建筑，中间是中心瞭望塔，环形建筑被分割成一个个小囚室，犯人之间不可能交流，犯人也不知道是否正被监视。久而久之，犯人就无意识地看管自己，从而确保"权力自动化和非个性化"。如果它仅仅是一座监狱，如果它的用途只在囚禁犯人，也许我们会为这一天才设计感到高兴，可是福柯绝对让我们乐观不起来，他说："全景敞视模式没有自生自灭，也没有被磨损掉任何基本特征，而是注定要传遍整个社会机体。它的使命就是变成一种普遍功能。"[1]就是说，规训并不限于监狱，它广泛扩展到社会的各个角落，工厂、学校、军队、精神病院成为与监狱最为相似的地方，乃至整个社会奉行"监狱体制"。军队、学校等地方存在规训机制，我们不会奇怪，感到奇怪的反而是福柯的愤怒。长久以来，我们默认甚至赞同这种规训机制，以至于丧失了质疑的能力。福柯对此的激烈反应不仅不能激起我们的共鸣，反而引发担忧：不如

---

[1] 福柯：《规训与惩罚》，第233页。

此能怎样呢？岂不引发混乱？在此须分清两种态度：一是个体自由的态度，一是社会稳定的态度。不难发现，福柯一直将个体自由作为他评判问题的出发点。福柯将"监狱体制"最终形成的日期定在1840年1月22日，这天梅特莱农场一个孩子生命垂危之际对农场这个规训机构深表眷恋。福柯可以对流浪汉和犯人表示同情乃至赞美，而对被规训的孩子感到恐惧：他从前者看到的是热爱自由的精神，从后者看到的是驯服、懦弱，是"既驯顺又能干的肉体"。

最后，主体与权力。

在《主体与权力》一文中，福柯谈到自己工作的兴趣不是权力，而是主体。"我的目的是要创立一种据以在我们的文化中把人变为主体的各种方式的历史。我的工作是研究将人转变为主体的三种客体化方式。"[1]以主体为立足点，我们能够看清：福柯表面上非常散乱的学术领域，是有一条线索贯穿其中的。这条线索就是：人作为认识主体和权力主体是怎样"被构成"的，人如何成为真正意义上的主体。

福柯不仅摒弃了现代知识型以认识主体为逻辑起点

---

[1] 福柯：《主体与权力》，作为附录载于德赖弗斯、拉比诺著《超越结构主义和解释学》，张建超、张静译，光明日报出版社1992年版，第271页。

的方法,从历史观上否认人是历史的主体,更重要的是他运用谱系学方法揭示了主体是怎样"被构成"的。由此出发,他洞悉了一系列隐秘的连接:关于真理、疯癫、犯罪、性等等知识中的权力。知己知彼,要解构主体就要对其来龙去脉有所了解。

关于"认识主体"如何形成的分析集中于《词与物》一书,这本书是福柯考古学方法在人文科学领域的具体运用。他认为作为认识主体的"人"是在18世纪末、19世纪初即现代知识型时期才被建构出来。福柯断定,随着新的知识型出现,围绕"人"建构的话语将失去意义。关于"权力与主体"的分析集中于《规训与惩罚》一书。福柯不再从话语层面来考察"知识",而是看到知识建构与权力的关系。培根说过一句名言"知识就是力量",福柯却指出了事情的另一面:知识与权力相关。福柯在谈知识—权力的时候,指的是人文和社会学科的知识而非自然科学的知识,他列举的往往是精神病学的知识、监狱的知识、性的知识等等,这类知识的产生的确有着权力背景。在《规训与惩罚》中,福柯在考察了监狱的诞生后,围绕着司法程序中精神病学和心理分析的涉入(如精神病学家可以对犯人进行正常与否的测试,进而影响到判决),认为权力在扩散、渗透,产生了一系列自封为"科学"的知识。他批判将知识与权力截然二分的看法,他有一段名言:"权力制造知识(而且,不仅仅是因为知识为权力服务,权力才鼓励知识,也不仅仅是因为知识有用,权力才使用知识);权力和知识是直接相互连带的;不相应地建构一种知识领域就不可能有权力关系,不同时预设和建构权力关系就不会有任何知识。"[1]当然,对福柯的这番话,不能简化为"知识就是权力,权力就是知识",而是要进一步弄清:知识与权力到底是怎样微妙的关系。从这个角度,我们就比较容易理解福柯对"心理分析学家""精神病医生""教师""家长"等身份的质疑。联想到康德主张每个人要拒绝"监护人"和"牧师"的引导并"要有勇气运用自己的理智",不难看出福柯上述主张与启蒙精神的某种契合。

正如前文所说,要理解福柯的权力概念,最便捷的途径莫过于阅读卡夫卡的小说。福柯以特立独行著称,甚至被认为惊世骇俗,卡夫卡则被视为"弱的天才",他自称为"一切障碍都在摧毁我",似乎二人在性格和行为上都大异其趣。然而,据福柯的亲密伴侣德菲尔说,福柯在临终前几天的日记里写满了卡夫卡作品里的句子。其实不难发现,他们思想上的确有共同之处:对权力的关注与揭示;对被排斥者(罪犯、疯子)的同情和赞美;对正常/反常

---

[1] 福柯:《规训与惩罚》,第29页。

界限的质疑;存在主义哲学倾向等。尤其是,如果我们以福柯的"微观权力"来分析卡夫卡的作品,一些扑朔迷离之处将变得明朗。

关于审美—伦理主体的思想,集中于《性意识史》《主体解释学》和后期访谈。在《性意识史》第一卷中,福柯对资本主义现代文明中的"压抑假设"提出质疑。福柯针锋相对地指出,这类"性压抑"的怨言不外是权力机制的一部分。现代文明鼓励人们谈论性:医学将所有"性反常"纳入精神病学研究范围;国家将公民的性纳入生产方式;父母密切关注孩子的性好奇和性早熟;性被视为通向真理的密码,其中弗洛伊德功不可没,人们被告知通过性可以发现真正的自己。福柯在这个问题上的见解可谓独特:当代文明绝非制造着性压抑,而是制造了各式机构来强化性、鼓励性,从而将人们置于一透明玻璃罩内达到统治的目的。现代文明制造了一台制造性话语的机器,它指引人们在性中发现自己、实现自己。在性话语的包围中,完全可以引入福柯著名的疑问"谁在说话?",人们徒劳地追寻性这个虚幻的真理,在权力机制中越套越紧。

福柯的观点发人深省。在弗洛伊德之后,人们普遍地接受了关于本我的观念,以为性本能和攻击性是本我的特质。福柯则指出,弗洛伊德以天才的胆识与勇气提出性的问题,让当代人重新认识性,然而弗洛伊德并未摆脱性话语机制。福柯要做的,是揭示出现代社会中性话语与权力之间的隐蔽关系。福柯既然认定"性"不过是话语建构的产物,那么顺理成章地,"性压抑"的假设和"性解放"的神话都将成为过去,自我塑造将成为每个人的任务。

在漫长的中世纪,人们向神父忏悔自己的欲望;在当代,神父被医生和精神病学家代替,人们误以为通过精神分析和心理咨询就能够使自己得到治愈。福柯的犀利之处不仅在于他发现了双方的权力关系,更在于他指出了双方隐而不宣的快感联系。权力产生知识,各种隐秘的心理也可以产生知识;有些知识是科学,有些知识伪装成科学;在大量"性压抑"的知识中,科学的成分如此少,医生和精神病专家的地位如此高;这些医生和专家以其特有的身份,源源不断地制造着知识,将每个人乃至整个人类编织进一张密集的网络。当然,福柯要做的并非彻底否定医生和专家的权威,也不是"反精神病学"这么简单,而是要揭示知识与权力的伴生关系。总之,福柯在探讨主体"被构成"的方式时,认识到权力不仅深入意识,而且深入肉体;权力不仅控制人们的政治生活,而且制约人们的日常生活;他不会把社会的改变寄托于一场革命,而是呼吁改变我们的日常生活。这是福柯"生存美学"努力的方向。

在此,不妨试着对福柯的主体观作一番梳理。据他考证,"主体"一词在古希腊并不存在,但是古希腊人一直遵循着在实践中创造自我的传统;帕斯卡尔的苦行实践延续了这一传统;笛卡儿把人确立为抽象的认识主体;康德力图统一认识主体与伦理主体。具体到福柯,他从考古学的角度说明,个人认知怎样受制于时代知识型,怎样遵循了相同的话语规则,先验主体并不存在;他从权力分析的角度入手,说明人处于权力网络中,一部分人将自己提升为权力主体而将另一部分人转变为权力对象,并建构了相应的知识体系(法律、精神病学、心理分析)来保证权力的实施;他通过"性意识机制"的阐述说明人怎样被塑造为所谓的"伦理主体";他通过展示古希腊人与自我的关系,说明主体确立的唯一可能在于"生存美学"实践。

结构主义取代存在主义,往往被称为法国当代哲学的一次"颠倒",而福柯往往被认可为结构主义者。那么,福柯提出人可能在伦理实践中自我构成为主体,这是否意味着向存在主义主体性哲学的某种回归呢?一般认为,萨特的主体概念仍然植根于西方哲学传统,它与笛卡儿—胡塞尔哲学相通。试看萨特在《存在主义是一种人道主义》中的名言,"主体必须作为一切的起点";[①]"在这

---

① 萨特:《存在主义是一种人道主义》,见 W.考夫曼编著《存在主义》,陈鼓应等译,商务印书馆1987年版,第303页。

出发点上,除了'我思,故我在'之外再没有其他的真理了,当意识接触它自己时,这是它绝对的真理"[①]。而在福柯那里,并没有"作为一切的起点"的主体,只有在实践中自我构成的主体。这两种主体观是完全不同的。福柯的主体是具体个体,它与特殊的当代现实相遇,它将在自身实践中构成。然而,事情没有这么简单。首先,从萨特的这两句话入手,极易导致对萨特的误解。其实萨特影响最大的学说是《存在与虚无》中的"存在先于本质",是"我行,故我在",根本不是"我思,故我在"。从这方面来看,萨特与福柯都强调"自我创造"为主体。其次,我们完全可以举出反证说,萨特已经把当代境遇引入哲学,他在著名的"境遇剧"《禁闭》和《苍蝇》中就把人物放在极端的境遇中,让人物自我选择、自我决定。

福柯与萨特终究有所区别。他们在主体问题上的差异,可以从福柯1983年的一次谈话中看出。当被问及与萨特在"创造自我"上的分歧时,福柯说:"……萨特把创造性的工作归因为人和自身的关系——作者和自身的关系——这种关系具有真实或虚构的形式。我要说的恰好相反:我们不能把某人的创造性活动归因到人和自身的

---

① 萨特:《存在主义是一种人道主义》,第316页。

关系,而要把人和自身的关系与创造性活动联系起来。"①按照萨特的观点,懦夫自我选择成为懦夫,英雄自我选择成为英雄。福柯要追问的是,当懦夫选择成为懦夫、当英雄选择成为英雄时,是什么在影响乃至操纵着他们的选择?或者说,福柯要人们警惕:"自我"在多大程度上已被造就;"自我"还能拥有多大程度自我思考的可能性;可供实施的"创造性活动"限度又在哪里。可以说,萨特强调了人与自我关系上的自由,福柯则认识到人与自我关系上权力的作用;萨特把人放在极端境遇里,不是要说明人的被限定,而是让人物不能不作出选择。基于这些区别,我们可以说,尽管有学者在福柯的晚期作品中看到了一个迥然不同的甚至倒退的福柯,福柯并未向存在主义主体性哲学回归。在主体问题上,福柯既不同于现代哲学家将人设立为"认识主体",也不同于某些后现代学者彻底消解主体;他通过话语分析和权力分析说明,人在知识建构和日常生活中并不拥有足以自豪的主体性;他把主体的可能性放在了个体的"生存美学"实践。因而与晚期"生存美学"相关的"主体"是人的自由自主性的实现,是个体经由伦理—美学途径将自己确立为主体。在权力问

---

① M. Foucault, *"On The Genealogy of Ethics: An Overview of Work in Progress"*, in *Ethics: Subjectivity and Truth*, Paul Rabinow (ed.) the Penguin Press, 1997. p262.

题上,福柯说明了现代人怎样被扭曲、挤压而丧失了主体性;主体性的丧失怎样损害了人;"生存美学"是作为对"规范化"的反动、作为对抗权力的形式、作为自由的实践而提出的。放在权力分析的大背景上,福柯的"生存美学"就有了极端重要性。

福柯曾提醒人们,不要把现在看成与过去完全断裂的。循着这条思路,我们也可以说,不要把"明天的我"与"今天的我"看作完全不同的;不要奢望从今天起,彻底做自己的审美—伦理主体。要看到现实中的我们多大程度上是"被构成"的,要看到我们的意识、无意识和肉体是多么顽固的、惰性的力量。换句话说,我们要长期地处在"格斗"之中。个体所能做的,是在日常生活层面、在权力运用的细枝末节进行切实有效的反抗。如果福柯将人的可能性定在反抗,那他没有多少创见;如果福柯将人的可能性定在解放,那他没有多少独特之处;事实上,他把人的可能性放在了创造。

阿甘本对于福柯的自我构成为主体提出异议。确实,自我构成为主体需要某种前提条件,比如一定的物质保障和人身保障。否则这种生存美学就是一种精英主义立场。然而需要看到,随着社会发展,权力模式已经发生了变化,最紧迫的问题不是经济剥削而是生物权力。

（三）生存美学时期

福柯说过,他真正的学术兴趣不在权力而在主体。他运用考古学方法研究了人怎样在知识领域将自身构造为认识主体,他运用谱系学方法研究了人怎样将自身构造为作用于他人的权力主体。这两种主体都是他要大力解构的,因为它们扭曲了主体的真正含义。福柯并未将主体一词弃如敝屣,相反,他把主体确立的唯一可能性寄放于晚期的"生存美学"。他的这一思想与古希腊的"生存美学"是一种什么关系呢？对于当代人而言,这一思想会带来怎样的启示？这些是本节要处理的问题。

福柯的"生存美学"思想直接得益于古希腊"自我呵护"。福柯最为欣赏的,既非古希腊智者学派（尼采曾在《古希腊悲剧时代的哲学》一书中集中介绍了这一学派）,也不是古希腊著名的哲人苏格拉底、柏拉图和亚里士多德,而是希腊晚期哲学中的斯多葛学派。

福柯对古希腊的分析集中在《性意识史》二、三卷,一些访谈和短文也涉及到这个问题。福柯引用了古希腊、罗马的大批文献,主要是哲学著作。其中有的非常著名,如柏拉图的《阿克拜第篇》；有的鲜为人知,如斯多葛学派代表人物塞涅卡的书信。关于古希腊,可以谈的角度很多,福柯探讨的是古希腊的"自我呵护",他认为"自我呵护"是古希腊"生存美学"的重要内容。他发现古希腊"呵护自我"与"认识自我"同样重要,但后世的人们继承了认识自我的传统却遗忘了呵护自我。他在苏格拉底、斯多葛学派与早期基督教的"呵护自我"之间做了比较:对于苏格拉底来说,"呵护自我"是与城邦相连的,是一个好公民应做的准备;对于斯多葛学派来说,"呵护自我"是作为对自己的一项任务提出来的,自我就是目的,此外没有别的目的;对于早期基督教徒来说,"呵护自我"是与对上帝的虔敬分不开的,人应该小心地看护心中的神灵。而且,对于苏格拉底来说,人应在年轻的时候呵护自己,到老年就晚了;对于斯多葛学派来说,呵护自我是一生的工作,不存在早晚的问题。这些区别都引起福柯的注意。

福柯对于古希腊作了历史学家的客观考证,而非哲学家、艺术家诗意的想象;福柯不是通过古希腊艺术(雕塑、建筑、神话、悲剧)来景仰古希腊,而是运用谱系学家对细节的兴趣来展示古希腊的生活;福柯并不讳言,古希腊存在不平等(如男人对女人、成人对男孩),他也没有把古希腊当作人类的黄金时代,但是他认为古希腊生存方式毕竟提供着一种范例。下面,我想从几个方面总结福柯书中古希腊人可资借鉴的方面。

第一,"生存艺术"(the art of living)或"生存美学"(the aesthetics of existence)层面,福柯往往不加区别地使用这两个概念。在《性意识史》第二卷《快感的享用》导言中,福柯指出古希腊的"生存艺术"包括"那些反思的和自愿的实践,人们通过它们不仅确定了各种行为的规则,而且还试图自我改变,改变自己独特的存在,把自己的生活改变成一种具有审美价值和反映某些风格标准的作品"①。在古希腊人那里,将生活变为艺术,既包括日常生活中衣、食、住、行的风格化,也包括人的自我控制。一个公民,只有能够自我控制,才能证明自己有能力过高尚的和美好的生活,才能证明自己可以做领导者。

第二,道德层面。福柯发现,当时道德一词主要指的是人与自己的关系。福柯首先将"道德"的含义确定如下:道德规则;个体的实际行为;人应该如何举止行为,"也就是人把自己看作道德主体、参照道德准则中的规定要素而行事的方式。"②显然,第三种含义的道德涉及的是人与自身的关系:人怎样遵循规则、人怎样自我塑造、人怎样确立生存的风格、人怎样确立道德实践的内容。他发现,对古希腊人来说,前两种道德并不重要,第三种含义的道德才是他们努力的方向。

应该说,古希腊人所理解的道德概念,与当代对于道德的理解是有出入的。今天人们往往强调的是道德的前

---

① 福柯:《性经验史》,佘碧平译,上海人民出版社 2000 年版,第 125 页。
② 福柯:《性经验史》,第 127 页。

两种含义,即:道德规则的制订和人们遵循或违反规则时的赏罚,也就是道德的客观方面和主观方面,可以说出发点是社会的稳定而不是个体的幸福。在这样的道德规则面前,个体只能是被动的而没有主体性可言。福柯看重的是古希腊人对道德的态度,对于作为社会规则的道德,他们很少作出规定;对于被后世的人们严加惩罚和诋毁的"不道德"行为,他们却很宽容,甚至根本不当作问题;对于被后世的人们所忽略甚至遗忘的人与自身的关系,他们却非常重视。正是古今道德观的鲜明差异,让福柯重新反省道德问题:道德,究竟应该立足于普遍规则还是个体差异?

福柯在《快感的享用》一书中以古希腊人对待快感的态度说明他们的道德不是提供规则,而是追求一种风格、一种生存的美学,主张控制激情和快感享受。福柯从日常生活的如下四个方面考察古希腊人的道德观念:养生法、家政学、性学、智慧。首先,养生法。古希腊人在对待身体养生与道德的关系上,将"适度"作为道德的标准,过度、不加约束、严加约束都被认为是不道德的。其次,家政学。它是处理婚姻关系的。在古希腊,丈夫与妻子的地位是不平等的,但是一个"有道德"的丈夫能够控制自己,并非出于对外在规则的服从或者出于对妻子的责任,而是他要借此证明,一个能够自我控制的人才能做合格公民进而治理城邦。再次,性学。它涉及的是成年男子与男孩之间的关系。相比福柯所处时代,古希腊同性恋的风气可谓普遍,但是恋男孩无论如何被认为是不道德的,因为将男孩作为恋爱对象与将他作为未来的行为主体两种态度是矛盾的。最后,智慧。发展到后来,将对男孩的肉体之爱提升到爱灵魂、爱真理的高度。

第三,自我层面。福柯从以下四个方面考察了古希腊人与自我的关系:一、自身或行为的哪一部分与道德行为相关。二、隶属方式。在古希腊,人们的道德责任不是出于对宗教法规、自然规律、宇宙秩序乃至法律的服从,而是为了生存的美好。三、怎样将自身塑造为道德主体。在古希腊,人们通过节制、回忆、反省、思考、辩论等方式来塑造自己,到了柏拉图,用作生活记录和行为指南的笔记本流行一时。由于它们不同于中世纪的苦行,福柯将其称为"广义的苦行"。对于基督教徒而言,苦行是为了更好地聆听上帝的启示,对于古代智慧而言,自我的完美才是目的。四、目的论。即人们希望将自身塑造为怎样的道德主体。不同于中世纪将纯洁作为目的,而将欲望当成罪恶,古希腊人并不将欲望视为必须压抑和排斥之物,关键在于,人是欲望的主人还是欲望的奴隶。

读过《性意识史》第一卷的人,接着读二、三卷,说不定会感到失望:在第一卷中对"性话语—权力"的精彩分析已让位给烦琐的材料列举;第一卷中汪洋恣肆的文风变得平和乃至中庸。让人不解的还在于,福柯为何要从中世纪、近代回溯到遥远的古希腊?福柯不仅是个历史学家更是个哲学家,他进行历史研究的目的是理解现在。因而,他在进行历史研究时可以是中立、客观的,他拒绝"赋予主体以中心地位"的研究方法,他的研究目的却是哲学,他想探究在伦理领域内人的自由自主的主体性如何可能。古代道德观念给现代人提供了思考的空间,以反观自己,更好地理解和创造自己。福柯从古希腊发现的,是迥异于基督教文化也迥异于现代道德形而上学的观念。比如他没有回避同性恋这一棘手的问题,他指出在公元4—5世纪,成年男子与男孩恋爱无论如何被认为是"不道德"的;而一个男孩允许自己成为其他人快感的被动对象,他就不能获得一个未来领导者应有的尊重;出于这一考虑,有德行的人可以修炼自己,将肉体的欲望转变为对精神和美的追求。福柯通过分析公元1—2世纪的著作,尤其是晚期斯多葛学派的文本,试图勾勒出"自我呵护"方式的变化:从柏拉图时代对男孩的两难态度转向对婚姻的重视。他将这种变化的原因归结为政治,即贵族们必须更小心地约束其行为。然而,根本的变化不是发生在希腊化时期,而是发生于基督教文化。福柯既看到这一断裂,也看到基督教早期毕竟有"自我呵护"的因素。而对现代人来说,作为自我技术,基督教徒的祷告、精神分析的内向审视,都有可资借鉴的成分。

读过福柯对古希腊的回溯,读者或许失望:难道福柯就想把古希腊的自制和自律展示给现代人吗?难道它不曾内在于启蒙精神中?还有,存在主义不也主张超越吗?福柯有什么新的见解?福柯的确赞赏启蒙精神中的自主自立,他在《什么为启蒙?》一文中就将现代性界定为一种态度、一种精神气质而非一段时期,并将诗人波德莱尔作为现代性的典范。可以说,福柯的"生存美学"至少得益于三方面:古希腊"自我呵护"伦理学,启蒙传统中的"自我引导"精神,尼采及海德格尔的影响。至于福柯与存在主义者比如萨特的关系,二者的确都主张超越,但是超越什么、如何超越却有根本差异。

下面来看福柯对斯多葛学派的分析和借鉴。斯多葛学派(the Stoic,或译斯多亚学派)经历了三个阶段:从公元前300年到前200年是第一阶段;前200年到前1世纪中叶是第二阶段;前1世纪中叶到公元3世纪上半叶是第三阶段。第三阶段的斯多葛学派被称为新斯多葛学派,其学说成为罗马典型的官方哲学。早期斯多葛学派的物理学是目的论的,伦理学则是基于普遍"理性"的;伦理学主张是和其物理学见解一致的即理性渗透进万事万物;人作为宇宙的一分子,应该认识理性并按照理性生活,只有这样做才能达到幸福。可见,早期斯多葛学派已将哲学认知与人生智慧相连,认为聪明人应该遵照哲学的方式生活。这种伦理学主张为晚期的塞涅卡所发挥。总之,斯多葛学派推崇理性而反对激情,强调节制而反对放纵,主张以哲学的智慧进行灵魂与肉体的治疗。读者或许不解,为什么福柯不在苏格拉底、亚里士多德那里寻求理性、节制等美德?可以这么说,苏格拉底和亚里士多德等自我呵护的目的是做个好公民,而斯多葛学派伦理关注的重心是个人生活的美好。为呵护自己而呵护自己,这点正是福柯要发挥的。

福柯描述过斯多葛学派的三种"自我技术":写信给朋友,袒露自己;自我和良心检查,包括回顾做了什么、应做什么并加以比较;记忆。关于最后一点,福柯比较了柏拉图和斯多葛学派:对于前者来说,每个人要做的是在内心回忆起理念;对后者来说,真理就在前人的教诲中隐藏,所以斯多葛学派能做的,是把前人的教诲化为行为规则,将前人经验"主体化"为内在律令。用福柯的话说,"真理的主体化是自我技术的目的",[1]"通过一系列练习,一个人能得到、吸收真理,并将它转换为永久的行为准

---

[1] M. Foucault, "Technologies of the Self", in *Ethics: Subjectivity and Truth*, p238.

则。这是主体性强化的过程。"①按照福柯的考证,塞涅卡时期的斯多葛学派在"主体化"上有这样一些倾向:心理上训练自己,以自如地应付突发事件,不要被激情左右,把认识到的真理内在化为指导自己的行为准则。而在如何认识真理问题上,福柯列举了当时的"听""写""反思"的技巧。在真理是什么、如何获得真理问题上,福柯显然倾向斯多葛学派而非柏拉图。重要的不是比较斯多葛学派与主流伦理的异同,而是要明确福柯的思想。可以说,福柯之所以不厌其烦地引用斯多葛学派的文献,就是注意到了"主体化"问题。尽管在1984年,他去世三天前的访谈中,他明确说,古希腊并没有"主体"概念,但是,他想从古希腊人与自我关系中抽取的,的确是主体的强化这一向度。

对于福柯来说,主体不是经验的可能性条件,而是经验的结果。"通过一个过程,最后得以构成一个主体,或者更确切地说,构成一种主体性,我把这样的过程称为主体化,这个过程显然只是自我意识结构提供的可能性中的一种。"②值得注意的是,主体性得以形成的"经验"很大程度上依赖于他人尤其是导师和朋友,可见"自我呵护"

---

① M. Foucault, "Technologies of the Self", in *Ethics: Subjectivity and Truth*, p239.
② 福柯:《道德的复归》,见杜小真编选《福柯集》,第525页。

不是封闭自己,而是充分接纳他人的帮助。但是接受他人的帮助和依赖他人毕竟是两码事,"接受帮助"经过了自己的取舍,"他人的经验"是为我所用,否则根本谈不上"主体化"。可见,福柯在运用"主体"一词的时候,不是在笛卡儿—康德—胡塞尔先验主体意义上使用的,而认为它是一个历史概念,它在知识中"被构成"和实践中"自我构成"。福柯一向被视为"反主体"的中坚,看来事情没有这么简单,他的晚期思想蕴涵了"自我构成为主体"这一趋向。

需要指出的是,在晚期斯多葛学派那里,"自我呵护"不仅是生活实践还是医学实践,它会治愈"灵魂的疾病"。对于塞涅卡这个"严格的斯多葛主义者",福柯引证了他对于"未来痛苦的沉思",比如去想象可能发生的最坏的事、节制训练、对死亡的沉思和训练,"塞涅卡的某些信中所说的死亡训练就是把漫长的一生当作短暂的一天来生活,好像每一天都浓缩了整个一生。"[①]对于这一死亡训练,福柯是持肯定态度的,福柯"自我构成为主体"应该说包含了自我对身体和精神的双重协调。一方面,福柯不把身体和精神视为对立的,另一方面他对"身体"的研究兼及医学、法律、政治等各种维度。

---

① 福柯:《主体解释学》,见杜小真编选《福柯集》,第482页。

对于福柯而言,斯多葛贵族们出于生活美好的目的而遵循自己制定的规则;他们的道德既非强制的,也非普遍的,有别于我们今天的道德观念;他们的道德出于内心的力量,因而与自由并不矛盾;他们将自己构造为自主自立的主体。尤其是斯多葛学派将"幸福"而非"规范"作为伦理学的关注对象,应该对今天的人们有所启发。可见,并不是享乐主义者而是以节制、苦行著称的斯多葛学派吸引了福柯。只要看一下福柯在"主体""自我""真理"方向上做出的努力,就会明白人们对福柯"虚无主义""享乐主义"的指责是多大的误解。我们能做的,不是对福柯思想与行为是否割裂妄加评说,而是在斯多葛学派伦理与当代伦理的反差中,寻找出能为当代人发展利用的新型伦理。

在此,读者容易产生的疑问是:是否福柯将古希腊贵族道德美化了?是否福柯在小题大做?还有,福柯只能在古希腊那里寻找生存智慧吗?可以说,对古希腊的向往,是西方文化长久以来的一个传统,福柯也未能免俗。只要回顾一下著名学者对古希腊的仰慕就可以了。比如,温克尔曼"高贵的单纯与静穆的伟大"的评价已是大众耳熟能详;比如,赫尔德从古希腊艺术中看到了希腊人的"单纯""宁静""安详""坚定",他甚至说,"在这点上(指培养人性——笔者注),我们大家都必须变成希腊人,要不然我们就永远是野蛮人。"[1]但是,福柯没有将古希腊视为人类的黄金时代,他看到了古希腊的不平等,看到了贵族们不受约束的自由。他感兴趣的却是,贵族们作为一个特权阶层在没有任何外在约束的情况下实行的自我约束。而现代人在"上帝死了"和"人"死了之后,面临同样的与自我的关系问题。

在1984年即他去世那年,福柯曾作过题为"生存美学"的访谈。他说:"当然,古代道德中也有制约个体行为的规范。但是在古代,那种成为道德主体的愿望,那种对伦理的追求,主要是为了证实人的自由,并赋予人的生活一种形式……在我看来,古代的道德努力把人们的生活塑造成一种个人艺术,即使仍需服从某种集体性的准则。"[2]因而,他认为古希腊的规范与基督教的规范有本质区别:前者是自律而后者是他律。就是说,古希腊人在自我控制中体现意志力和责任感,基督教徒则恐惧着惩罚。福柯说这番话,当然不是对古希腊一厢情愿的美化而是有事实根据的,他对古希腊人的生活方式、价值观念作了

---

[1] 赫尔德:《论希腊艺术》,见刘小枫编选《人类困境中的审美精神》,魏育青等译,知识出版社1994年版,第11页。

[2] M. Foucault, "An Aesthetics of Existence", in *Politics, Philosophy, Culture: Interviews and Other Writings 1977 - 1984*, Lawrence D. Kritzman (ed.)Routledge,1988. p49.

极为详尽的考察。古希腊人自主、自律、自由的生存风格迷住了福柯,他进而反观西方现代人的生存状况,认定当代人向古希腊人学习是必然的。

福柯根据古希腊的"生存美学"而提出了现代人的"生存美学"问题。首先,从福柯研究态度看,他不是为学术而学术,他的目的是理解现在,对古希腊的研究出于同一目的。其次,福柯晚期的访谈和短文的确贡献出了有别于古希腊伦理的另一种伦理,尽管它并不系统。福柯的伦理主张与古希腊伦理并不存在一一对应,其中有偏差和背离。

如上所述,在早期考古学著作中,福柯是弃绝主体的中心地位的,在晚期思想中他将主体的可能性放在了个体的"生存美学"实践。当然,这里的"主体"是伦理学—美学意义上的,对此古代智慧已经给出了参照。福柯的确在古希腊伦理与基督教伦理之间进行了比较,也的确对当代伦理表示过不满,但不意味着他要以古代基于"行为方式"的伦理代替今天基于"行为准则"的道德,事实上"回归"既不可能也没必要。福柯提醒人们的是,当基于准则的道德逐渐失效,对一种"生存美学"的试验就是必需的了。

福柯的"生存美学"与古希腊的"生存美学"或"生活艺术"并不一一对应,其中有偏差和背离。或者说,福柯对古希腊的"生存美学"做了扬弃。第一,古希腊的"生存美学"是上层贵族实施的,他们有闲暇有财力实行"自我呵护",所以古希腊的"生存美学"只限于贵族小圈子。福柯的"生存美学"则不限于精英阶层。福柯的"生存美学"并不是提倡"精英主义",而是向每个人发出的呼吁。比如,在快乐体验、道德观、自我观等方面,福柯与古希腊的观点都不一样。第二,在"自我塑造为主体"的方式上,古希腊的"生存美学"往往强调内向审视,通过"节制""回忆""反省""思考""倾听"等方式来塑造自己(福柯曾称之为"广义的苦行")。福柯则强调自我创造,或者说他希望将生命当作"美学艺术品的素材"。第三,斯多葛学派以严格的训练著称,以应付"突发事件"和"灾难",福柯的"自我呵护"不是为了应付意外,而是个体的自由实践,是对抗"规范化"的有效途径。

由于后现代哲人都对主体性、普遍性、规律性、进步之类话语表示过怀疑,所以给人的印象是:他们只解构,不建构。事实并非如此。尤其在福柯这里,探讨人怎样构成自己、呵护自己,让生命变为艺术,是他晚期研究的重点。但是,相比他对知识、权力的研究,福柯的"生存美学"思想显得十分薄弱,甚至未曾展开。我想可能性至少有二:首先,福柯的早逝使他未能对自己的观点作出更详细的说明;其次,福柯作为后现代理论家,不可能提供一种规范性的伦理学—美学思想。福柯放弃引导者的身份,在于他明察到,并不存在适用于所有人的"生存美学"。所以,他只是指明了一条路,是否去走、如何去走是他人的事情。说到底,生命之所以能成为"美学"而不仅是"道德"的对象,就在于它要使每一个感性的生命都能像艺术品那样具有无限的丰富性、自由性和开放性。

下面,我想分析一下福柯"生存美学"主张的必要性和可行性问题。先看其必要性。对于古希腊人而言,"自我呵护"与治愈灵魂的疾病有关;现在人们却很少反省自己的"灵魂"问题——不复是自我疗救,而是由精神病学家、心理学家施行救助,自我不再把"自我呵护"当作任务。在当代西方,物质生活的富裕并未带来精神的充实,人们在旧的信仰崩溃之后,并未拥有新的信仰;以"解放"之名引发的生活放纵使得一些人再次迷失。用福柯的话讲,基于宗教的道德消失了,以法律和科学的名义倡扬的道德某种程度上是对生活的"侵犯"。福柯一向对"规范"抱有敌意,所以我们未必赞同他的"侵犯"一说。另一方面,也是最重要的,是作为"规范"的普遍道德已经失效,因而重提自我呵护就很有必要。人们消耗自己而并不认为这不道德,福柯的审美生存主张可谓当头棒喝。再看其可能性。从"生存美学"的可能性来说,它是完全行得通的。认为没有闲暇关心自己,是一种遁辞。呵护自我与职业、地位、金钱没有必然的联系。拥有地位、财富的人不一定去呵护自己,工作辛苦、地位低微的人也未必不能呵护自己。呵护自己,无论在任何社会都属于"广义的苦行",所以懒惰的人不去这样做。它的重要性不亚于又一次启蒙。综上所述,福柯的"生存美学"不是偶然的,它既吸收了古希腊的生存智慧,又发挥了现代性态度,同时与尼采、海德格尔、马尔库塞的审美精神契合。它不是上述因素的拼凑,而是针对西方现实提出的一项迫切的任务。

对于福柯而言,一个成熟的个体是具有启蒙态度和自律精神的个体,即"自我构成为主体"。而在"自我构成为主体"的方式上,福柯的"生存美学"兼有伦理和美学向度,而且内含着自我约束,福柯要以"自我构成为主体"来削弱道德相对主义的危险。

下面从福柯"生存美学"的含义、学术定位、背景、意义几方面来加以总结。

第一,福柯"生存美学"的内涵。

福柯"生存美学"思想集中于《性意识史》、法兰西学院讲座和后期一些访谈。它是福柯晚期学术思想的重要组成部分。它具有如下内涵:注重个体与自身的关系,而非个体与社会的关系;注重个体与自身的美学关系,而非认识关系;注重感性体验,尤其是身体体验;主张生活是艺术品;美化现在,既不怀旧,也不将希望寄托于未来;主张个体确立自身的生存风格;主张个体去创造自己,不是去解放自己;主张个体自我构成为主体。

在自我问题上,福柯彻底完成了笛卡儿理性主体到波德莱尔艺术家模式的转换。理性主义哲学家与反理性主义哲学家对"自我"的解释是迥异的。对于福柯而言,自我可以在"生存美学"实践中不断地深化、构成自己。当被问及古代的"自我呵护"能否被现代化时,福柯的回答是"当然",但他立刻强调说,不应照搬古代的"自我呵护"——"……必须强调的是,它是新的东西。"[1]就是说,福柯向当代人提出了"自我呵护"问题。如同不想创立普遍的权力理论一样,福柯不想创立一种美学理论,而是身体力行一种将日常生活审美化的实践。对于福柯的"自我呵护"主张,有的学者不以为然,觉得它太集中于"自我"而忽略了与"普遍性""理性"的关系。[2] 的确,福柯不强调普遍和群体,他寻求的是个体差异。物极必反,也许是西方哲学过于强调"理性""普遍性"和"真理",才造成福柯趋向另一极端吧。

---

[1] M. Foucault, "The Ethics of the Concern for Self as a Practice of Freedom", in *Ethics: Subjectivity and Truth*, p299.
[2] Pierre Hadot, "Reflections on the Notion of 'the Cultivation of the Self'", in *Michel Foucault Philosopher*, p230.

如前所述,福柯一直是解构主体的,但是在晚期思想中却致力于主体的重建。福柯所言的"主体"不是认识主体,不是哈贝马斯的交互主体,而是着眼于人与自己的关系;它确立个体的自我创造、自我控制、自我实现。人与自我的关系,可以借鉴古希腊"自我技术"和"自我控制"的方面,它内含着个人行为的自由,而非束缚于外在规范。个人自由自足的生存美学追求,是个体摆脱规范化现实、实现主体性的可能途径之一。这一努力是可贵的,实践中却存在诸多问题。福柯对古希腊的"自我构成"方式作了清理,却没有给当代人提供模式。他没有明确说明,在今天个体怎样"自我构成为主体",这就增加了福柯"生存美学"研究上的困难,我们必须剥离出他对古代的"历史研究"和他自己的思想。对于福柯而言,能够确立自身主体地位的人是启蒙了的人,具有独立、自尊、成熟的品格。康德曾过激地将拒绝启蒙的人称为"牲口",认为是懒惰和怯懦使得人们拒绝成熟。如果我们理解了康德的痛心,我们就能理解福柯对康德此文的重视,也能理解福柯将"生存美学"与启蒙联系的苦衷。福柯不是将主体作为一切的起点,而是分析主体的历史构成;不是谈论抽象的人性,而是将重点放在了自我在特定际遇里的实践。

1982年,在法兰西学院的课程中,福柯曾专门谈到

"自我技术"。他首先区分了人们借以理解自身的四种技术形式:生产技术,符号体系技术,权力技术,自我技术。按他的说法,"自我技术"是"允许个体以自己的方式,或通过他人的帮助,对自己的身体、心灵、思想、行为、生存方式施加影响,以改变自己,达到某种快乐、纯洁、智慧、美好、不朽的状态"[①]。他只对后两种技术感兴趣,即人与他人的相互作用,人通过自我技术对自己发挥作用。

福柯自己的生活方式或许是追求"极限体验",对于"自我技术"的研究却指向着"达到某种快乐、纯洁、智慧、美好、不朽的状态"。可以说"自我技术"是一种生存智慧,而且当代人的"自我技术"与古代不可能一样。另外"自我技术"只能契合于"自我构成"的主体概念:主体在历史上以不同的"话语—实践"的方式"被构成",而古代人曾"自我构成为主体",这种古典智慧可以被当代人借鉴。随着社会发展,"自我技术"的内涵会有所变化。比如福柯有"身体政治"的提法,这一提法有个前提,即由于19世纪以来"规范化"程度加深,权力深入了肉体。福柯的"身体政治"与"主体"重构的内在逻辑关联,可以借鉴英国当代马克思主义文学理论家和批评家伊格尔顿的观

---

① M. Foucault, "Technologies of the Self", in *Ethics: Subjectivity and Truth*, p225.

点来说明。伊格尔顿《美学意识形态》开篇提出:"美学是作为有关身体的话语而诞生的。"他援引了鲍姆加登关于美学是"感性认识的科学"的见解,指出美学产生于对"感性生活"的热衷。此书把美学置于"意识形态和乌托邦"的宏观框架下加以把握,即美学如何从18世纪诞生之日起就面临着感性和理性的纠缠、审美与革命的两难。资产阶级主体性的确立,以审美自律性取代了外在道德强制,所以他举例说明,卢梭的《爱弥儿》的情感教育和《新爱洛依丝》的浪漫爱情都是要建构新的主体性形式。所以伊格尔顿倡导重建情感主体。"新的人类主体敏感、充满激情并带有个人主义色彩,它详尽地阐述了超然于狭隘范围的、全新的感情世界,并向统治秩序提出了意识形态挑战。"[1]在此理论背景上,可以说福柯对于身体感性之维的发掘,正是要建构新的主体性形式。

福柯"自我建构为主体"是一种审美主义。1983年,在伯克利的讨论会上,福柯说过这么一句发人深省的话:"从自我不是被给予的观点出发,我想只有一种实际的结果,即我们必须将自己创造为艺术品。"[2]对于福柯而言,

---

[1] 伊格尔顿:《美学意识形态》,王杰、付德根、麦永雄译,中央编译出版社2013年版,第16页。

[2] M. Foucault, "On the Genealogy of Ethics: an Overview of Work in Progress", in *Ethics: Subjectivity and Truth*, p262.

人类没有固定的本质,"普遍人性"之类概念并不成立,人类不过是被塑造和自我塑造的产物,那么审美就是自我塑造的方式。许多美学家早已提倡审美改造,比如席勒的审美教育,人们由此可以达到人性的完满状态;对于马尔库塞来说,通过欣赏现代派艺术,人们可以克服虚假需要,摆脱"单向度的人"状态。福柯则不同。他不是提倡去艺术殿堂欣赏艺术,而是希望每个人将自己的生命变为艺术。这就等于说,每个人都是潜在的艺术家。在这个问题上,福柯的确很像尼采。

在福柯看来,规范化已经无孔不入地渗透进社会有机体,所以生活细节处的反抗与超越就是必要的了。福柯不是以艺术装点生活,而是把生活变为艺术。可以说,他真正关心的不是艺术而是生活。一次访谈中,福柯甚至感慨道:"让我吃惊的是这样的事实,在我们的社会里,艺术已变成了只与客体,不与个人或生活有关联的东西。艺术被专业化,只由搞艺术的专家来做。为什么每个人的生活不能成为艺术品呢?为什么灯或房子能成为艺术品,而我们的生活却不能呢?"[1]这话听似天真,细想之下却异常深刻。我们习惯了去美术馆、音乐厅欣赏艺术,为

---

[1] M. Foucault, "On the Genealogy of Ethics: an Overview of Work in Progress", in *Ethics: Subjectivity and Truth*, p261.

什么不能将生活变为艺术呢？然而,对于能成为艺术品的"生活"领域,福柯并未作出具体的说明。这不能不说是种遗憾,它既造成福柯"生存美学"实行上的困难,也往往招致理论上的误解。

福柯既继承了斯多葛学派关注现在的特点,也继承了美学现代性精神,即美化现在、享用现在、把握现在,把现在当作转瞬即逝的、无比珍贵的礼物来热爱。对于"生存美学"的实践者而言,世界是一个神奇的礼物,偶然、多变、发出炫目的光彩。不必从它寻求意义,也不必与它合一,就把它作为出乎意料的礼物来接受吧！可是,福柯的这一主张与享乐主义有什么不同吗？福柯对现在的美化,常被误解为享乐主义。当然我们不能说,福柯倾向精神,而享乐主义依据感官,因为福柯的美学不排斥感官快乐,甚至提倡感官快乐；我们也不能说,福柯的美学具有超越性,而享乐主义依赖当下的体验,因为福柯并不在超越性与当下体验之间造成对立。二者还是有区别的。享乐主义将感官享乐作为目的,"生存美学"却是将个体塑造为自身的主体；享乐主义依赖平庸的、当下的快乐体验,"生存美学"是让生活变得美好。如果我们记得福柯对波德莱尔与花花公子的区分,就该明白,福柯的"生存美学"并不是享乐主义在20世纪的新版本。

第二,福柯"生存美学"的学科定位。

福柯"生存美学"提出了一种新型伦理学。这种伦理学不同于传统伦理学,而更接近美学,或者说福柯的"生存美学"与其说关心"道德"不如说更关心"美"和"自由"。同尼采一样,福柯不是要反对一切道德,而是指出道德只是不同的解释,不同的时代、国度、种族、地域,人们对道德的界定是不一样的,即道德并无形而上学根基。福柯在古希腊那里发现了另一种道德观念,准确点说是个体的生存伦理,福柯试图发掘其当代意义。这种努力是值得肯定的。福柯通过对古希腊"生存美学"或"生活艺术"的分析,将道德从与社会、他人的关系转向了与自己的关系,这一转向可谓意义深远。在当代,人们辛苦工作之余就是消费和放纵,将生命消耗了却浑然不觉,更可怕的是,人们在自我消耗之际从来不会认为这样对待自己是不道德的! 人们在自我消耗之际从来不想与自己关系上的自由与否。福柯将伦理实践与自由相连:"伦理学,如果不是自由实践,不是有意识的自由实践,还能是什么呢?"[1]显然,福柯不是着重道德规则的指定,而是注重伦理实践的重要性。

福柯"生存美学"的核心"自我呵护"与关心他人并不

---

[1] M. Foucault, "The Ethics of the Concern for Self as a Practice of Freedom", in *Ethics: Subjectivity and Truth*, p284.

矛盾,反而是社会稳定的保证。比如罗蒂对福柯的指责,就是没有看到福柯对古典智慧的继承。如果福柯只是继承了美学现代性,那么的确可能"对社会而言是个极坏的模式";如果只有对古希腊伦理的继承,那么福柯的"生存美学"的确有"后退"的嫌疑。其实福柯的"生存美学"避免了这两种危险,而具有成熟、大度、智慧、独立、创新诸种品格。在人与自我的关系上,福柯一再强调"创造"而非"解放",理应引起当代人的警觉。人,不是被缚的普罗米修斯,而是面向未来敞开的可能性,需要的是去创造自己。在创造中而不是在"解放"中,人才能真正拥有自我。对于福柯的这一理论,我们不可停留于理论探讨,而应将它作为生存实践。

关于福柯的审美主义,美国学者沃林认为"审美主义主张审美态度而不是科学和道德在生活中的主导地位",并把福柯的思想称作"泛审美主义"(pan-aestheticism),因为它意味着"美学超越其他价值的迫切努力"[①]。关于其学术定位,在有些西方学者的研究中,福柯的这一思想通常被划归"伦理学",但其真正的学术性质却并非如此。而且,西方学者也注意到了福柯这一思想的特殊性,有的

---

① Richard Wolin, "Foucault's Aesthetic Decisionism", in Barry Smart, ed. *Michel Foucault: Critical Assessments*, Vol.3, p251.

学者以"作为伦理学的美学"来概括,有的以"泛美学"来概括,有的则以"审美主义"或"审美决定论"来总结福柯的理论倾向。其实,福柯的"生存美学"不属于传统伦理学,传统伦理学是从个体与社会关系角度谈的,注重的是道德规则的制定,福柯的"生存美学"注重的是个体与自身的关系,是个体的审美生存。福柯的"生存美学"也不是传统意义的美学,传统美学或是研究美的本质,或是研究艺术规律,或是进行艺术批评,福柯的"生存美学"是把人的生活当作艺术品,通过审美经验而提高生活质量。因此,我们应该将福柯的"生存美学"放在"人的生存"层面上加以考察。放在"人的生存"这个层面上,哲学、美学、伦理学是相通的,并不存在明确的分野。

第三,福柯"生存美学"的理论背景。

福柯将研究重点放在个体与自身的美学关系,有其特定的后现代哲学背景。首先,福柯作为后现代哲学家,当然是反本质主义者。在他看来,任何"普遍道德"和"绝对命令"都是可疑的;所谓"自我"不过是特定境遇里被构成和自我构成的东西,并没有一个永恒不变的本质。所以福柯在"生存美学"中探讨了个体自我构成为伦理主体的多样性和可能性。其次,福柯之所以注重个体,与其"人之死"的理论有关。这里的"人"有特定含义,指的是18世纪末、19世纪初出现于西方哲学中的"人",也就是海德格尔所言"哲学人类学"意义上的人。随着这个大写的、普遍意义上的"人"的消失,只有个体的切身体验才是重要的、有意义的、值得加以关注的事情。因此,不仅伦理学,就连美学也不能在所谓"人类学"意义上加以阐发,而只能在个体的"生存"意义上加以构筑。尼采"上帝之死"和福柯"人之死"的结果是:审美成为人生最重要、最本真的事情;审美纯粹是个体的感性体验,尤其是身体体验;审美,成为此岸的精神支撑,宗教陨落之际,审美浮出了水面。在审美中,个体不仅能够确立,而且能够完善自身的主体性。再次,福柯之强调自我构成为主体,与他对主体的看法有关。福柯的"生存美学"是与他对主体的长期关注分不开的。以"主体"为立足点,我们能够看清,在福柯那表面上非常散乱的研究领域里,实际上有一条线索贯穿其中。这条线索就是:人不是历史、知识和他人的主体;人是怎样被构成为主体的;人如何成为真正意义上的主体。所以,福柯在解构了知识主体和权力主体后,把主体的唯一可能性放在了个体的审美生存上。如果说福柯的"主体"有什么确定性内涵,应该包括:自由、自主、自律、自尊、自我的风格化等。

福柯"生存美学"的提出还有着直接的社会原因。在当今社会,宗教已经失效,普遍道德也越来越失去其固有的约束力。与此同时,人们并不希望法律过多地干涉个人生活。在这种情况下,个体的审美生存不仅成为确立自我的形式,而且成为对抗"规范化"的手段。因此,福柯的"生存美学"不是在人与社会的关系,而是在人与自我的关系上提出的;他不仅要解构,还要建设——不依赖于社会群体的自我建设。福柯往往被理解为专事解构,实际上,他的后期思想有极明确的建构向度。

第四,福柯"生存美学"的意义。

福柯的"生存美学"直接借鉴了古希腊的"生存美学"或"生活艺术",尤其是斯多葛学派严格的自我训练,他将古希腊审美生存称作"精神气质""行为方式""风格"等。由于古典智慧既未被基督教文化浸染,也未被近代科技理性毒害,因而体现的是一种审美的生存方式。福柯没有把古希腊看作是"黄金时代",他看到了古希腊的不平等。但是,他想汲取的,是古希腊贵族们在没有外来约束的情况下实施的自我管理。晚期斯多葛学派的塞涅卡是福柯经常提到的名字。对于塞涅卡来说,幸福就是过符合自然本性的生活。福柯是在以塞涅卡的智慧纠正自己的激情和放纵吗?实际上,美学的生活不意味着放纵。相反,放纵必然导致丑陋,它与美是相抵触的。尼采在分析古希腊悲剧时,已经说明了这个道理,酒神精神的狂放与日神精神的明智相结合,才是对于人生的悲剧性把握。福柯没有提出适用于所有人的行为规范,他希冀的是每个人关爱自己、呵护自己、发展自己,尊重自身对生活的感受和体验,培养自身独特的生存风格和精神气质等。

与以往的美学家不同,福柯并不注重体系的建造、范畴的设定,他甚至对艺术实践也没有投入太多的热情。相反地,他倾心于一种琐屑的、日常生活中的审美经验,以及由此而产生的感觉、气质和行为方式的变化。福柯认为,现代文明关心的是制造"驯服而能干的肉体",而不顾及个体感受和体验。与此相反,他的"生存美学"就是要注重人在日常生活中的精神感受乃至身体体验。在他看来,身体体验是独一无二的个人体验;身体体验,不仅是反抗权力的手段,也是把自我作为艺术品的途径;身体体验,并不意味着对本能的依赖,而是改变自身的方式。在身体体验和精神感受的基础上,人们要做的,不仅是欣赏艺术,更要能动地去创造艺术,即把自己的日常生活变为艺术。从这个意义上讲,生活中充满了美学,每个人都是艺术家。说到底,人是生活在日常事务中,不是生活在艺术殿堂里,更不是生活在精神的真空中;人的日常生活不需要别人以法律、科学或道德的名义来打扰,而需要自己去体验、去筹划、去创造;随着物质财富的积累和闲暇时间的增多,人们有更多的条件来呵护自己、关爱自己,人们有更多的可能将自己发展成一个与众不同的、风格独特的艺术品。如果我们从这一角度来思考问题的话,福柯的"生存美学"便不应被理解为美学的"泛化",而是美学的"转型"。

福柯不像尼采那样侧重反叛,他冷静地在审美与道德、个人与社会之间做着协调。在西方哲学史上,对理性的反叛、为非理性的辩护早就开始了,如今已经发展到了理性不得不为自己的合法性进行辩护的地步。而我们在福柯这里终于看到了对理性、道德的重新审视及合理运用,也终于看到了哲学关注日常生活的意向。福柯既不认为有什么永恒不变的理性,也不否定理性而赞美本能。与尼采出于对理性的憎恨而颂扬非理性乃至本能的做法不同,福柯并不将理性和非理性视为对立的、不可调和的两极。在他看来,对生活的理性把握恰好可以保证生活的美好。与此相关,福柯不是以美学来贬低伦理学,而是发现二者的相通之处;福柯不是以对本能的歌颂来取代道德,而是提倡将实践中获取的真理内化为行为准则。相比之下,福柯的态度更为冷静,也更为可取。

福柯的"生存美学"主张有一定的危险性,但其重要性却远远大于其危险。说它危险,是因为福柯的"生存美学"思想隶属于审美主义传统,这种传统因过多地注重个体的感性体验,有可能导致对本能的依赖;这种传统因过多地强调个体的独立自足,有可能导致对道德的敌视。说它重要,是因为福柯没有回避这一危险,实际上,他试图化解这一危险。福柯的意义既在于他指出了身体体验的重要,更在于他试图融合感性与理性、肉体与精神;福柯的意义不在于他置身于审美主义潮流,更在于他发展并纠正了这一潮流,他在审美中融进了古典智慧和启蒙精神,使得自由和自律得以统一;福柯的意义不仅在于他发现了道德的相对性,更在于他致力于将个体与社会的摩擦降低到最小的程度。

三、《疯癫与文明》简介

福柯《疯癫与文明》一书是其博士论文的缩减版,时间上早于上述三个阶段的研究,但是已经蕴含着三个阶段的研究主题,比如:不同时代对于疯癫的认知转向或曰话语建构、对于疯子的规训与惩罚、疯癫与自由。即从此书可以看出,关于"疯癫"的话语是如何建构的、疯癫话语建构中的权力、如何对抗权力并确立自身主体性。

(一) 主要思想

当福柯为疯癫辩护时,他说明了一个前提,要理解疯癫需要诗人的才华。这句话里有福柯苦涩的个人体验,因为他大学时期曾被视为"半疯"。当他为疯癫辩护时,他也指出了这样的事实,即社会怎样粗暴地对待疯子,这种压制会对个人造成多大的痛苦。对于个人自由的强调,使他拥有诗人的激情而非学者的冷静,这也是福柯易于为艺术家接受的原因吧!就文风而言,《疯癫与文明》有浓厚的浪漫主义气息,不仅行文风格如此,精神气质更是如此。此书是考古学方法得以运用的历史著作,具有鲜明的文学色彩,迥异于其考古学理论著作。在福柯考古学理论时期,他则希望写到"没有面目",即客观中立的立场。

就内容而言,《疯癫与文明》旨在说明西方文明"理性"对于"非理性"的排斥。具体而言,此书描述了欧洲历史上三个时期对于疯癫的不同态度:第一阶段,中世纪末到文艺复兴时期,文明尚与疯癫交流;第二阶段,古典时期(17世纪中叶到18世纪末)的理性时代,对于疯子采取大禁闭政策;第三阶段,现代时期(18世纪末之后,主要是指19世纪),以两位慈善家图克和皮内尔开设的疗养院为开端,疯子被作为精神病人。福柯的观点是,精神分析永远不可能理解疯癫,现代精神病院只是在肉体上更人道地对待疯子,精神上却是更为严重的虐待即非人化,疯子的语言也就不被重视。

此书有两个重要的"窗口",一是对于笛卡尔理性主义的反思批判,二是对于尼采悲剧精神的继承。福柯承袭了非理性主义哲学的传统,尤其是直接继承了尼采生命哲学。所以对于福柯而言,疯癫意味着对于理性主义的反叛,同时意味着一种深沉的悲剧意识——对于生命自身的认识。正是生命哲学角度的开拓,使得福柯的疯癫研究不等同于社会学、精神病学角度的研究,他发掘出了疯癫的悲剧意味。

福柯从来没有说明什么是疯癫,而是揭示了不同时期对于疯癫的话语建构。他不排除有病理意义的疯癫,但是认为也有一种疯癫其实是非理性,是非理性被建构为疯癫。他力图探讨,非理性怎样从理性与其对话交流——到被排斥而陷入沉默——到被确认为精神疾病;艺术家的作品传达的是非理性;现代精神病学的进步,并不能认识、消灭疯癫,因为疯癫是非理性而非疾病。

福柯对于疯癫的考古也是一种话语建构,有着特定的视角,有着浪漫主义的倾向性,而且也有变化,并非始终如一的观点。当他声称捍卫"一种癫狂的原初体验",他代表的也仅仅是他这种类型的哲学家和艺术家的体验,确实是一种创造性的、想象力迸发的体验。然而不能忽略,确实还有一种疯癫体验,是愚人、罪犯、大脑发育异常之人的体验,与创造性和想象力无关,而是昏蒙、暴躁、混乱的体验。对于真正的愚人、罪犯和疯子,理应认同精神病学冷静的处理态度,这是一个社会保持稳定的前提。然而,福柯声称"一种癫狂的源初体验",他并非特指哲学家和艺术家的体验,他其实并未清晰区分哲学家、艺术家和疯子,也并未区分哲学家、艺术家的疯癫和普通人的疯癫,这从他对弑亲者里维耶的分析可见一斑。福柯之所以未加区分,在于他认为本来就不可区分吧,这是界限模糊的地带。福柯恩师阿尔都塞即为例证,他于发作期间失手扼杀了妻子,他既是一个哲学家,也是一个罪犯,还是一个疯子。

需要警惕的是,法国思想中对于犯罪和疯癫的美化。在1977年福柯参与的五人对谈中,他们论及当时"精神病学"名义下对于疯子的治疗:外科手术、药物、行为治疗。谈话涉及政治对于疯癫的影响,比如有论者谈到苏联"所有的疯子都是政治上的持异议者"。然而,固然有政治犯被污蔑为疯子,但是不能否认有真正的疯子。福柯此书不是从政治异议者角度为疯癫辩护,他几乎没有涉及这点,他是从理性/非理性角度为疯癫辩护。

如果说福柯此书也有不足,就是对于疯癫女性形象的忽略。此书并未提及疯女人在男权社会里的特殊境遇,毕竟疯女人比疯男人处境更为悲惨,性虐待、性歧视、被迫生育、被污名化至今屡见不鲜。福柯此书出版于20世纪60年代,早在19世纪末,美国女作家吉尔曼《黄色壁纸》就塑造了家庭中被规训、被囚禁、被控制的疯女人形象。但是福柯此书给予读者一种眼光,即文明如何排斥非理性、如何建构关于疯癫的话语、如何实施生命权力。有了这种眼光,就可以看清,性别政治就如生命政治这条大河的支流,有着相同的地缘、流向和生态,福柯思想也就可以成为性别政治的理论基石。按照李银河《女性主义》一书中的观点,对于女性的忽视甚至轻视,是西方哲学一以贯之的传统,即使康德这样的启蒙思想家也轻视女性,更不必说叔本华之类厌女之人。在此传统中,同性恋者福柯没有关注女性疯癫根本无须讶异。尽管福柯没有对于女性疯癫以关注,他的理论却可以为女性主义理论家们提供强有力的思想武器。

(二) 其他著作中的疯癫

美国学者布朗在普及性的读本《福柯》中把福柯著作的主题区分为五类:疯狂与理性、经验与知识、过失犯罪与审判权力、性与自我、访谈与短论。他认为有四本书可以归为第一类,分别是《疯癫与文明》、《精神病与心理学》、《诊所的诞生——医学诊察的考古学》(中文版译为《临床医学的诞生》)、《死亡与迷宫:雷蒙·拉塞尔的世界》[1]。下面稍作介绍。

这四本书中,除了《精神病与心理学》出版于1954年,其他三本都是出版于20世纪60年代。《精神病与心理学》对于现代精神病学予以抨击,指出它永远不可能说

---

[1] 布朗:《福柯》,聂保平译,中华书局2014年版,第4页。

出疯癫的真理。法国五月风暴中,在学界"反精神病学"背景下,此书受到重视。《临床医学的诞生》梳理了18世纪末到19世纪的临床医学的产生,凸显了古典时期与现代时期对于疯癫认知模式的转折。《死亡与迷宫:雷蒙·拉塞尔的世界》中的拉塞尔是法国超现实主义作家,少年时学过钢琴、作曲,16岁那年改写诗歌,20岁时写作的失败让他陷于绝望,一度在精神病院接受治疗。此后他继续写作,其剧本一再地受到公众的嘲笑和恶意攻击,只得到少数超现实主义者的认同。福柯对于精神病学家将拉塞尔称为"一个可怜的病人"深为不满,认为这是"有限的见识"。在福柯看来,拉塞尔的生活和作品都笼罩在奇异的想象力之中,"他在内心体验着置身于太阳的感觉,而他是太阳的中心"[1],福柯用"闭合的太阳"(the enclosed sun)来形容他的作品。

除此之外,还有一本书可以划归第一类,就是福柯根据法兰西学院课程研讨编著的《我,里维耶,杀害了我的母亲、妹妹和弟弟》,此书既涉及疯癫又涉及犯罪。对于疯癫的兴趣延续了福柯的一生。《不正常的人》也是法兰西学院课程研讨小组长达两年的讨论,揭示了关于疯癫

---

[1] M. Foucault, *Death and the Labyrinth: the World of Raymond Roussel*, New York, 1986, p157.

的医学话语和关于犯罪的法律话语的交集方式。以及，被划归"经验与知识"一类的《词与物》中也有关于疯癫的论述，"访谈与短论"也有涉及疯癫的部分。

福柯为何关注里维耶这样一个弑亲之人？福柯说明，首先在于其自述文笔的优美，因为文笔优美可能意味着其心智的正常。其次在于罪犯的自述提供了另外的视角。从法律角度审视罪犯，罪犯的罪行是客观存的，无可否认；从精神病学视角审视罪犯，罪犯的话语可能被视为胡言乱语，即疯子其实是失语的；罪犯角度的自述，则弥补了上述两个角度的不足，给了罪犯其话语权，因为罪犯的自述通常不为大众所知。最后，也是最重要的，福柯关注的是话语—权力—真理的交织。此书可谓多声部，除了里维耶自述，其他人也在建构着关于里维耶的话语：医生、律师、法官、警察以及公众。每个人都在致力于"意义的生产"，每个人都在发声，都在争夺着话语权。法官、律师对于三个受害人的陈述是客观的，毕竟这是事实；目击者（邻居）的描述则有个人情感在内，认为里维耶是"造孽"；里维耶自述思维清晰，犯罪后两次托付邻居，让其帮助照看祖母；家人描述中的他"孤僻、不合群以及残忍"；法医则确认了其精神错乱。福柯也在发声，福柯为此书撰写了前言。正如布朗所言，"福柯既不是要证明利维埃无罪，也不是要通过制度而对他进行判决。福柯的意思是,当所有这些声音被并置在一起时,读者就能明白——对罪行或罪行的处理来说,不存在还原阐释。"[1]比如,里维耶(或译利维埃)是在清醒状态下还是精神错乱状态下杀人,对于如何判刑是决定性的要素,但是由谁、依据什么来判断其是否精神错乱呢?毕竟他在实施犯罪之前就有所计划而非冲动犯罪。福柯重视的是,该案审判过程中权力的现形以及权力与"真理"的合谋。福柯也在建构着关于里维耶的话语,他指出里维耶的自述和罪行提供着关于真理的三重向度:事实的真理、意见的真理和科学的真理。

(三)与德里达的论辩

福柯《疯癫与文明》在分析古典时期疯癫观念的时候,有些章节提及了笛卡尔。他从笛卡尔的《沉思录》谈起,认为笛卡尔把非理性从理性中排除出去了,正在思想的认识主体是不可能疯狂的,于是疯狂被排斥。

但是德里达对此提出了不同的看法。1963年3月4日的讲座中,德里达以"我思与疯狂史"为题演讲,矛头对准了《疯癫与文明》。德里达首先对于福柯此书表示了敬意,话锋一转谈及他作为学生的不利之处。"门生意识因而是一种不幸的意识。在世界中开始对话,也就是开始

---

[1] 布朗:《福柯》,第14页。

去回答,总有当场被逮住的感觉,像孩子一样,其定义就意味着他不会说话,尤其不该回嘴。"①德里达的这番开场白实在是对福柯的不敬,因为福柯一直致力于解构权力,包括师生关系、家庭关系中的权力,福柯怎么会以老师身份压制德里达的声音?就对话态度而言,德里达已经预设了对话双方的不平等话语权,或者说预设了福柯的权威身份,那么一场平等的对话也就不可能发生。这个场景二十年后重现于德里达与伽达默尔之间,当德里达质疑对话双方的"善意",实际上就否认了对话的可能性。

就讲座内容而言,德里达首先质疑福柯疯癫史写作的可能性。"难道就不可能对这种疯狂史的某些哲学和方法论前提提出质疑吗?"②德里达认为福柯力图撰写疯癫的历史,其实这是不可能的工作,任何对于非理性的解读都是理性的言说,只能站在文明立场上描述疯癫而不能客观中立地进行疯癫研究。其次,德里达质疑福柯对于笛卡尔的解读,即福柯认为笛卡尔的理性主义排斥了疯癫,德里达则认为并非如此,"我思"依然包含着对于疯癫的思考。再次,德里达认为福柯试图描述勾勒疯癫,实际上是一种结构主义的极权主义。德里达的思路是,是

---

① 德里达:《书写与差异》,张宁译,生活·读书·新知三联书店2001年版,第52页。
② 德里达:《书写与差异》,第55页。

否存在一种沉默的历史呢？福柯"一种沉默的考古学"能够摆脱理性的语言和逻辑吗？如果不能,那么福柯的工作何尝不是延续着理性霸权呢？德里达发挥着他擅长的解构精神,以延异概念摧毁着一系列的二元对立,尤其是直指福柯的"结构主义"倾向。换言之,对于德里达而言,福柯进行的是一场不可能的工作,理性与疯癫之间不可能进行对话。

对于德里达讲座中的解构批评,台下的福柯没有进行自我辩护,甚至在几个月之后的书信中对于德里达的批评表示了谢意。直到1971年福柯才撰写了《我的身体,这纸,这火》予以回应。题目来自笛卡尔设想的一个场景:我坐在炉火旁,一边烤着火一边看着手中的纸,然而可不可以怀疑我正在做梦？福柯认为德里达不应抓住关于笛卡尔的几页解读,却对其余几百页视若无睹。而且,即便是对于笛卡尔的解读,福柯也不认为自己的解释有错。福柯依然认为笛卡尔虽然提及疯癫,但是梦与疯癫在笛卡尔那里的地位和作用是不同的,笛卡尔保留了对于梦的思考而回避了思考疯癫,体现出对于疯癫的不屑一顾。

疯癫是否能够研究？

笔者的立场是,既然疯癫经验能够被艺术家创造,那么疯癫也就能够被学者研究。因为理性和非理性之间、疯子和正常人之间有边界模糊的地带。福柯肯定了文艺复兴时期文明对待疯癫的态度,即疯癫作为真理之音能够被倾听,而现代时期这一对话不再可能。福柯试图从艺术家的疯癫经验捍卫的恰是疯癫与文明再度对话的可能性。而且,对于笛卡尔的解释不是《疯癫与文明》一书的重点,社会层面的排斥机制才是。应该说,福柯的考古学确实与结构主义有很多共同之处,福柯自己在《疯癫与文明》中也几次提到"结构"概念,即文明与疯癫对立的结构、社会排斥和区分的结构。德里达的解构主义对于结构的消解,毕竟也只是一种立场,而非判断正误的标准。而且,德里达仅在理论层面进行解构,却忽略了此书更为重要的社会意义。

福柯的研究资料是否可信?他是否可能遗漏了更重要的史料?对于福柯研究资料的可信性,确实有国外学者提出过质疑,甚至认为福柯有意略过了一些新近的资料。笔者认为,从其著作的诸多注释来看,福柯的史料功夫应可信,而且只有思想的魔杖才能将史料点石成金,福柯正是这样的天才魔法师。

四、以生命哲学为视域

马尔库塞《爱欲与文明》第五章题目"哲学的插曲"是

从生命哲学角度审视弗洛伊德精神分析理论,力图在西方哲学谱系中把握精神分析理论的位置。马尔库塞指出西方哲学的理性主义传统发展到19世纪出现非理性主义转向,即出现了叔本华和尼采的唯意志论,弗洛伊德的理论也属于这一非理性主义生命哲学的潮流。"弗洛伊德理论发展到最后也成了这种哲学原动力的一部分。他的元心理学企图对存在的本质所作出的规定,认为这种本质就是爱欲,这与传统的把存在的本质定义为逻各斯的观点正好相反。"①马尔库塞自己也在生命哲学开启的问题域中进行思考,他力图调和感性和理性,他探讨的"新感性"也是新理性。马尔库塞此书写作、出版于20世纪50年代,尚不可能论及福柯,然而将福柯十年后出版的《疯癫与文明》置于同一脉络,却并无违和。

以生命哲学为视域,可以看到马尔库塞和福柯的共同倾向是,他们属于叔本华开启的非理性主义哲学模式,这一哲学模式不同于亚里士多德、黑格尔的理性主义哲学模式,而是继承了弗洛伊德精神分析理论,将文明视为压抑、支配、统治的力量,所以重视生命的爱欲之维。

(一)尼采

关于尼采对于福柯的影响,英国埃塞克斯大学哲学

---

① 马尔库塞:《爱欲与文明》,黄勇、薛民译,上海译文出版社1987年版,第9页。

教授彼得·迪尤斯有句切中肯綮的话:"从广义上说,正是尼采促使福柯怀疑启蒙运动的遗产,使他意识到现代社会的理性化和工具化所造成的破坏。但究竟是什么遭到了破坏?尼采对此做了一个概括性的回答:'生命'。"[①]此话可以说发掘出了尼采和福柯思想中的生命哲学之维。"生命"概念正是洞悉福柯思想的一个重要窗口。可见福柯尽管在70年代才使用"生命政治"概念,但是揭示权力对于生命的戕害、捍卫生命权利却贯穿其学术生涯始终。"生命"概念不仅是洞悉其思想的窗口也是理解他生活方式的窗口,他尽可能地摆脱规范,对抗规训,体验人生,做自己生命的主宰。在此意义上,福柯笔下并非作为"自然现象"而是作为"文明产物"的疯癫就具有了正面价值:它是不能被理性所禁锢的精神之光,它是不能被理性扼杀的生命之火,它是生命尚未僵死的证明。对于启蒙运动开启的理性和进步观念,后现代哲学普遍予以解构,利奥塔质疑"元叙事",其中之一就是启蒙叙事。

福柯自称"尼采主义者",他继承了尼采的生命哲学,即揭示权力对于灵魂和肉体的规训、捍卫生命的价值和

---

① 彼得·迪尤斯:《后现代主义:从尼采到后结构主义的现代性病理学》,见《剑桥二十世纪政治思想史》,特伦斯·鲍尔、理查德·贝拉米主编,任军锋、徐卫翔译,商务印书馆2017年版,第296页。

意义。埃里蓬《权力与反抗》一书指出福柯对于梦、性、疯癫的研究延续了尼采的思路。正如尼采批判西方文明对于悲剧经验的否定,福柯指出现代文明对于疯癫经验的否定,相比之下,疯癫经验曾在文艺复兴时期的悲剧作品中大放异彩。其实还可以追溯到更远,即两人共同受到希腊悲剧的影响,因为尼采的悲剧理论是建立在对于希腊悲剧的考察基础上。米歇尔·塞尔就指出:"米歇尔·福柯的书属于古典悲剧(更宽泛一点讲,属于古典文化),犹之乎尼采方式属于悲剧、属于古希腊文化:它揭示着潜伏在阿波罗阳光之下的狄奥尼索斯学说。"[1]一旦揭示出福柯思想中疯癫与悲剧的关系即古希腊悲剧根源,明白其将疯癫作为非理性置于理性的对立面,那么疯癫的意义就得以彰显:疯癫是非理性,它是理性不可缺少的另一面,它是人性的深度,它是文明的根基,它是生命悲剧性的至深至痛的领悟,它是生命的火焰之舞。

福柯固然是在尼采的伟大目光下思考,他关于疯癫与悲剧的思考又与尼采不同:尼采确实体现出悲剧形而上学的维度,而未分析社会现实意义的权力机制是如何制造疯癫,正如罗兰·巴特对于福柯《疯癫与文明》的剖析是指出福柯作为历史学家,如何把视为"医学事实"的

---

[1] 埃里蓬:《权力与反抗》,第141页。

疯癫转变为"文明事实",即福柯从"知识—权力"角度洞悉了文明对于疯癫的话语建构和排斥机制。例如,福柯此书曾被"反精神病学"社会运动所利用,尼采《悲剧的诞生》却难以与社会运动发生关联。

(二) 弗洛伊德

福柯对于弗洛伊德理论产生兴趣并非偶然,因为弗洛伊德生命本能理论和尼采强力意志理论有着深度契合。尼采年长弗洛伊德 12 岁,尼采的所有作品创作于 1889 年精神崩溃之前,1900 年即尼采去世那年弗洛伊德精神分析奠基之作《梦的解析》才出版,所以从时间线来说,只能是尼采影响弗洛伊德。尽管弗洛伊德声称未受尼采影响,但是著名心理学教授亨利·艾伦伯格表示过,弗洛伊德与尼采的思想是如此相似,很难相信弗洛伊德未从尼采吸收思想精髓。

就弗洛伊德而言,《文明及其不满》(或译《文明及其缺憾》)其题目就体现了文明的辩证法:文明提供保护也带来压抑,人类依赖文明却又受到奴役。弗洛伊德指出,自由与文明相伴而生,人类文明之前似乎人类祖先享有完全自由,但这不是真正的自由,貌似可以为所欲为的同时,也生活在他人为所欲为带来的危险中。个体自由需要文明社会提供保障。"'文明'一词指使我们的生活区别于动物祖先的生活的所有成就和规范的总和;

它有两个目的,即保护人类免受自然的侵害和调节人类相互的关系。"①个体对于自由的要求和文明对于个体的限制处于动态的冲突较量中,个体和文明都在不断地自我调整。

弗洛伊德进而指出,快乐原则"它根本没有实现的可能性;所有的宇宙规则都与它矛盾"。② 笔者认为此中逻辑是这样的:每个生命从降生之初就不得不进行自我保存,不得不保持生命能量、保持警觉状态以应对弱肉强食的世界,根本无法遵从快乐原则行事;即使进入文明社会、生活在丰衣足食的和平年代,快乐原则也会毁掉一个人,使其沦为纵欲的生物;按照叔本华和克尔凯郭尔的思路,此类快乐终究会带来空虚和厌倦,所以快乐不可能长久。因此弗洛伊德指出,不幸比幸福更常见,"我们受到三方面痛苦的威胁:首先,威胁来自我们的身体,它注定要衰老和消亡……其次,威胁来自外部世界,它可能以强大而无情的破坏力量对我们施虐;最后,来自我们与他人之间的关系。与其他任何痛苦相比,来自这最后一个方面的痛苦也许是最剧烈的。"③应该说,弗洛伊德对于人

---

① 弗洛伊德:《一种幻想的未来 文明及其不满》,严志军、张沫译,上海人民出版社2007年版,第80页。
② 弗洛伊德:《一种幻想的未来 文明及其不满》,第69页。
③ 弗洛伊德:《一种幻想的未来 文明及其不满》,第69—70页。

性、人生的认识非常犀利独到,不能以悲观与否加以评价。他分析的不仅是人类文明的辩证法,而且是生命自身的辩证法,即真正幸福的不可能性(平和的满足不能抵达幸福,强烈而短暂的享受才可以),为此人类甚至不惜从迷醉药物中获取极乐。马尔库塞更多分析的是第二方面即社会对个体的控制操纵,对于第一方面进行了乐观的解释,对于第三方面则鲜有论及,不能不说是其爱欲解放理论的遗憾之处。

弗洛伊德指出:"我认为,人类必须注意这样一种事实,即人们内心存在着破坏性,以及由此产生的反社会和反文化的倾向,而且就大多数人而言,这些倾向的强度足以决定他们在人类社会中的行为。"[①]"无数的文明人……不否认自己希望满足贪婪、进攻性欲望或性欲,而且他们会毫不犹豫地通过谎言、欺诈和诽谤来伤害他人……尽管人类已经经历了许多文明时代,这一点是一直未变的。"[②]弗洛伊德认为,"人类天性并不喜欢工作",因此文明必须采取强制手段。弗洛伊德提供了趋乐避苦的可能途径:宗教、爱、美。马尔库塞对于人性和劳动进行了不同阐释。马尔库塞的《爱欲与文明》就是在弗洛伊

---

① 弗洛伊德:《一种幻想的未来 文明及其不满》,第6页。
② 弗洛伊德:《一种幻想的未来 文明及其不满》,第10页。

德开启的问题域中思考。马尔库塞力图改造马克思的劳动概念,将作为爱欲性质的劳动作为人的潜能的实现。

福柯对于弗洛伊德的态度是双重的,一方面指出弗洛伊德作为医生对于疯癫的俯视,即精神分析不能正确认识作为非理性的疯癫,另一方面认为弗洛伊德毕竟开辟了与疯子交流的通道。

(三)马尔库塞

1983年福柯说过这样一番话:"假如我能早一些了解法兰克福学派,或者能及时了解的话,我就能省却许多工作,不说许多傻话,在我稳步前进时会少走许多弯路,因为道路已经被法兰克福学派打开了。"[1]福柯表示其工作与后者的是"两种很接近的思想形式"。福柯在此指的是法兰克福学派第一代理论家即马尔库塞、阿多诺等人,而不是第二代的哈贝马斯,原因首先在于哈贝马斯成名晚于福柯,其次在于二人思想倾向不同,哈贝马斯对于福柯的审美主义、相对主义倾向进行过批评。

综观福柯的著述,可以看出他与法兰克福学派的不少接近之处:对异化现实的批判、对个体生存状态的关注、对审美功能的强调等。而且这些方面是相辅相成的,

---

[1] 福柯:《结构主义和后结构主义》,见杜小真编选《福柯集》,第493页。

社会异化程度越深,审美改造的任务就越紧迫。法兰克福学派因其社会批判的犀利、中肯而被称为社会批判理论,福柯则以对权力的细微揭示而名闻遐迩。

法兰克福学派认识到,现代社会对个人的控制程度远远超过了以往的时代,并且这种控制不是通过政治或经济因素实现的,而是由意识形态进行的,这就是将"技术理性"与"消费至上"原则结合起来的"大众文化"或"文化工业"。相比之下,福柯也是指出权力的危害,认为权力已经渗透到社会机体的每一处角落而且麻痹了人们的神经。福柯对"规范化"的分析,将人们熟视无睹的现象一一揭破,可以说是发挥着法兰克福学派的批判精神。福柯对启蒙的理解和法兰克福学派有异曲同工之妙,福柯看到了启蒙对于理性的过分颂扬,认为启蒙就是伸展"理性的政治力量"来规范人们的思想以排斥差异;它制造了一大批新型机制、学科来规范人们的生活;福柯没有赞扬民主制度的优越,而是充分发挥着哲学的批判精神,即认为社会规范化程度加深,人们越来越不自由。

对于政治革命失望之后,法兰克福学派无奈地转向了审美改造或者说心理革命,当代西方马克思主义批评家麦克莱伦就曾指出"法兰克福学派最引人注目的成就是美学领域"。福柯的"微观权力"观念使他不可能提出一种普遍的政治理论,既然权力不是阶级、集团、党派意义上的,那么革命既失去了主体也失去了对象。唯一的可能就是,在权力起作用的地方去反抗它、抵制它以获得自由。这种自由不是绝对的,而是有限的,有限性既缘于外在的制约,也缘于行为者已被规训的事实。他提倡细微处的反抗,即一种不寄希望也不绝望的反抗,这种反抗因其细微而一向被忽略,却是更重要也是更根本的。

马尔库塞和法兰克福学派的其他成员一样,延续了马克思对于异化的批判,而且力图以弗洛伊德精神分析理论补充马克思主义理论。《单向度的人》属于"海德格尔式的马克思主义"即以海德格尔的技术批判作为分析西方社会的切入点,而《爱欲与文明》属于"弗洛伊德的,或精神分析的马克思主义"即以精神分析理论分析爱欲与文明的辩证法。《爱欲与文明》是他1950—1951年间在华盛顿大学精神病学系的一系列讲稿,所以包含了一些精彩的神话、艺术文本分析。此书重点不在精神分析理论本身,而在以改造过的精神分析理论补充马克思主义。马尔库塞认为现代文明走向了歧途,即不仅没有给人们自由幸福反而是更严重的精神控制。简言之,就是认为现代文明利用、引导、刺激需要,把看似能够自由选择的人变成实际上的"无知、无能和他律",把之前的"暴力征服"改变为今天的"甘受奴役"。他指出社会现状是性解放而非性压抑,所以奢谈性压抑并无意义。福柯同样指出"性压抑"对应的"性解放"都是社会控制形式。

《爱欲与文明》的导言简明扼要地说明了此书目的是探讨"非压抑性文明"的可能性。马尔库塞首先指出弗洛伊德对于文明与压抑关系的理解:本能与文明相抵触,文明意味着压抑本能。他进而指出随着人类文明发展,并没有走向自由幸福,而是更深重的精神控制。"在整个工业文明世界,人对人的统治,无论是在规模上还是在效率上,都日益加强。……人对人的最有效征服和摧残恰恰发生在文明之巅,恰恰发生在人类的物质和精神成就仿佛可以使人建立一个真正自由的世界的时刻。"① 然而,马尔库塞并未停止于此,而是继续追问:如果压抑是文明的本质而非代价,那么建立这样的文明是为什么? 文明即压抑是历史的特定现象还是文明与本能处于永恒的冲突? 一种非压抑的人类文明是否可能? 马尔库塞认为,弗洛伊德并非是将压抑视为文明的永恒本质,而是透露了一种可能性,将压抑作为特定历史阶段的产物。这就意味着,压抑并非伴随文明社会始终,马尔库塞将科技发展作为消除压抑的现实依据。所以,马尔库塞并非抽象地探讨文明和压抑的辩证法,而是立足于当下社会现实,

---

① 马尔库塞:《爱欲与文明》,导言,第 18—19 页。

探讨人类走出压抑的可能性。

马尔库塞首先认可弗洛伊德的假定,即人类历史是本能被压抑的历史;其次是认可文明对于本能进行压制的一定合理性,认为在此文明进程中,人类从奉行"快乐原则"转变为奉行"现实原则"。他进而分析,快乐原则被现实原则取代,不仅发生在个体生命中,而且发生于人类历史中;由于现实原则并非消灭快乐原则,仅仅是延迟了快乐满足,所以快乐原则成为人类文明的暗流。"被压抑物的这种回归构成了文明的禁忌史和隐蔽史。研究这个历史,不仅可以揭示个体的秘密,还可以揭示文明的秘密。"[1]按此逻辑,社会文明程度越高,自我压抑和社会压抑越严重,本能对于文明的反弹也就越强烈。这种压抑不是一次完成的,而是在文明进程中继续发生着,道德、法律之类现实原则也就被迫不断调整完善。

如何找到突破口?

马尔库塞指出弗洛伊德思想并非铁板一块。"他的一个理论基石就是认为,不可能存在非压抑性文明。但他的理论也包含一些与这种合理性证明相悖的东西。正是这些东西打破了在西方占统治地位的思想传统,甚至

---

[1] 马尔库塞:《爱欲与文明》,第6页。

暗示了这种传统的逆转。"①马尔库塞将"逆转"的契机放在了当今技术的进步、富裕社会的来临,即社会不必压抑本能以将能量倾注于物质生产领域,既然富裕社会"经济的动机"不再存在,那么压抑就不是必须的了。更为重要的是,他关注到弗洛伊德思想中,不仅现实原则是历史性的,而且人类本能也是历史性的而非永恒不变的。在此,我们可以看到马尔库塞、马克思和弗洛伊德在此问题上的思想交锋:马克思重视经济因素而忽略人的心理结构分析;弗洛伊德重视心理结构分析忽略经济因素;马尔库塞在试图调和二者,认为富裕社会的主要矛盾并不是资本家对于工人阶级的剥削,也不是必须压抑本能以将能量投注到物质生产,所以出现了转变契机,即有可能使工作和快乐结合起来,工作有可能成为愉悦而非苦役。因而爱欲与文明的对立是历史的而非永恒的,解放爱欲的关键是推翻现在的操作原则,现在人类文明到了一个转折点,科技发展可以为消除压抑创造条件,实现"总体革命"(global revolution)。由于现代文明违背人的爱欲本质,所以需要心理、本能结构的革命。

马尔库塞运用精神分析发展出他对于工业社会的诊断:原始父亲的统治被看不见的力量代替了。他从社会

---

① 马尔库塞:《爱欲与文明》,第7页。

学意义上加以分析,工业社会合理性的一面是工作和生活条件的改善,不合理的一面是人们全面被操控,丧失了选择的可能性。通俗点讲,任何时代和社会制度都会有"基本压抑",文明社会必须依赖基本压抑来保证物质生产和秩序稳定,否定了基本压抑则文明不复存在。但是发达工业社会,物质财富已经积累到一定程度,本来可以减轻压抑,却人为地制造出"虚假需要",进而也有了"额外压抑"。此中道理,马尔库塞《单向度的人》做了更深入剖析。马尔库塞在发展着早期马克思的思想,认为当今社会分工越来越细,劳动者也就越来越成为机器的部件,异化程度加深。以福柯的"规训"概念来表述,即社会对于个体的规训演变为个体的自我规训,个体的劳动与生活都纳入了预定的轨道,个体也自觉维护着这个统治机器的运转。然而马尔库塞将工人阶级的劳动方式和生活方式都视为异化的,甚至认为他们的幸福也是虚假的体验,忽视了工人阶级身上的批判精神和潜在的革命力量。如果知识分子能够跳出这个社会的统治机器进行独立思考,那么工人阶级中也有人能够这么做。马尔库塞一方面对于工人阶级的看法过于消极,另一方面对于底层民众的看法又过于乐观,而未免忽视了后者的攻击性和破坏性。

马尔库塞将普罗米修斯作为操作原则的英雄,特点是工作即苦役、人与自然对立、贬低女性,体现的是工具理性。"理性就是操作原则的合理性……凡属于感性、快乐、冲动领域的东西都意味着是与理性相对抗的,是必须予以征服和压制的东西。"[1]与此相反的是俄尔浦斯和那喀索斯的形象,他们是爱欲的形象,不仅人与自然和解,而且工作即充满欢愉的歌唱,以及人的爱欲本能和死亡本能的和解,死亡本能将不是体现为攻击他人和自毁,而是体现为涅槃原则。俄尔浦斯是希腊神话中的歌手和诗人,"世界在他那里安眠",他无所欲求;那喀索斯依靠自己的爱欲生活。他们代表着爱欲、和平,也代表着"伟大的拒绝"。神话中这两个形象是不事生产的形象,就像僧侣们需要社会的供奉,这类宗教、艺术人士毕竟只是社会的极少数人。难道马尔库塞希望所有人都是这样的生存方式吗?那么谁来从事物质生产?应该看到,马尔库塞理论是马克思主义理论的当代发展。马克思在关于未来美好社会的想象中就勾画了美丽蓝图,物质财富极大丰富,人们道德水平极大提高,分工给人造成的片面发展将不存在。值得重视的是,劳动成为人的第一需要并不以"道德水平提高"为逻辑前提,而是亚里士多德意义上潜能的实现。马尔库塞正是在此问题上对于马克思主义理

---

[1] 马尔库塞:《爱欲与文明》,第115页。

论做出贡献,指出劳动与爱欲的结合,即艺术和劳动都是潜能的实现。

马尔库塞的思路是,既然按照弗洛伊德的理论,人的心理机制是在历史中形成的,有着个体和属系的发生史,那么历史中形成的本能冲突也就有可能被消除,一种非压抑性文明就是可能的。艺术作为本能的升华,保留了快乐,依靠想象实现了与自然、他人、自身的和解。"在想象中,个体与整体、欲望与实现、幸福与理性得到了调和。……不仅在个体层次上,而且在属的历史的层次上,艺术也许都是最显而易见的'被压抑物的回归'。艺术想象形成了对没有成功的解放、被抛弃的诺言的无意识记忆。"①因此在论及超现实主义时,马尔库塞声称艺术"具有革命的性质"。马尔库塞表明,他力图把弗洛伊德"本能压抑—于社会有用的劳动—文明"这一模式改变为"本能解放—于社会有用的工作—文明"这一模式。可以注意到,"劳动"被"工作"取代。按照本章的语境,可以推测出,此处"劳动"意味着物质生产,而"工作"既包含了物质生产也包含了不被包含在传统"劳动"观念中的艺术活动,比如俄尔浦斯的歌唱。马尔库塞对于俄尔浦斯和那喀索斯的分析来自神话—艺术而非弗洛伊德精神分

---

① 马尔库塞:《爱欲与文明》,第103—104页。

析。如何将它们统一起来呢？马尔库塞指出那喀索斯是自恋的形象，弗洛伊德理论中也有"原始自恋"概念即自我与对象未分化之前的统一状态，这是精神分析与神话—艺术的融合点。马尔库塞以俄尔浦斯和那喀索斯形象说明人同自然的和解是可能的，秩序可以是美的，工作可以是消遣。

综合马尔库塞的论述，一种非压抑性文明得以可能，首先是科学技术的发展使得劳动强度减轻、劳动时间缩短，甚至改变了劳动的性质即劳动不再是苦役。其次，是消费观念的改变。马尔库塞主张从富裕社会解放出来，意味着不要追求享乐，而是"实行一种广泛的低生活标准"。现在的情况是，不仅富人过着奢华的生活，而且普通人也梦想着奢华的生活，那么从富裕中解放出来就是空话。但是也有另外的情况，比如脸书的创始人扎克伯格，作为富豪的他衣食住行极为简朴，他说简朴生活才可以有更多精力用于社会服务。换个角度来看，我们也可以设想，简朴生活、社会服务使扎克伯格获得了幸福，他既没有消耗大量自然资源，自身人格也不会处于冲突中，可谓实现了与自然、社会和自己的和解。再次，也是更重要的，是本能革命，即将力比多升华为爱欲，才可以实现个体与自然、社会、自身的真正和谐。马尔库塞的设想非常宏大，力图扭转文明方向，将对本能的压抑代之以本能的升华。作为升华了的爱欲,将能量扩展到自己的身心并投射到自然和社会。这是一个激动人心的设想,现实中确实具有艺术家气质的人在践行这样的工作模式和生活方式。

所以,爱欲本能不仅运用于艺术创作领域。如果只能投射到艺术创造领域,可以说马尔库塞没有说出新的东西,他要做的其实是把未来文明的一切领域都作为爱欲的投射。这是哲学家对于人类文明的思考。不能以世界上还有饥饿、疾病、战火以及意识形态冲突之类现实问题来否定马尔库塞上述思想的意义。他是力图为发达工业社会进行诊断,以哲学思想来影响文明进程,所以他的思想可以为政治家提供灵感,并不能因为他没有政治权力来实践其思想而否定其思想的价值。

笔者将其观点梳理如下:之前的社会为了生产的需要而实行压抑,今天的富裕社会可以解除迫于生产需要的压抑;解除压抑,不是意味着回归性解放,性解放会制造混乱,使人类文明倒退回前文明阶段;由于人类本能是历史性的,不是一成不变的,就有一种可能,性欲升华为爱欲;人类文明发展到今天,完全可能发生性欲向爱欲的升华,压抑性文明得以逆转;性欲升华为爱欲,对于特定对象的性满足被广泛的愉悦取代;爱欲不仅体现于和大自然的关系,也体现于工作中的满足;于是工作可以成为消遣而非苦役。

笔者认为,看到历史进程中人类文明进步、人性渐趋完善,是马尔库塞思想的鼓舞人心之处。相反,如果致力于揭示人性中性本能的黑暗能量(如日本电影《魔之时刻》中的母子乱伦)和人性中的嗜血本能(如戈尔丁《蝇王》中流落荒岛的孩子们自相残杀),就会走向默认本能的力量而失去改变现实的动力。在黑暗中引领人类追求光明,才是哲学家的意义所在吧。

为何马尔库塞不直接运用柏拉图的爱欲理论,非要绕一个大弯,从弗洛伊德精神分析再回溯到柏拉图? 笔者认为,一是由于生命哲学的整体背景。马尔库塞属于20世纪哲学,已经接受了生命哲学关于人的非理性本能的看法,柏拉图的形而上学哲学传统已经不能提供充分的学理依据。二是由于法兰克福学派的整体精神分析背景。霍克海默对于弗洛伊德的评价是:"他的思想是我们的基石之一,没有它,我们的哲学就不会是这样。"[①]法兰克福学派另一代表人物弗洛姆的《在幻想锁链的彼岸——我所理解的马克思和弗洛伊德》也是力图促成马克思与弗洛伊德思想之间的对话。三是马尔库塞自己的

---

① 转引自马丁·杰伊:《法兰克福学派史》,单世联译,广东人民出版社1996年版,第120页。

理论取向。早在博士论文《德国艺术家小说》中就有对于托马斯·曼《死于威尼斯》的分析,说明马尔库塞早已认识到爱欲本能对于人的主导作用,即使一个成熟理性、德高望重的人也会为之神魂颠倒,甚至付出生命的代价。显然马尔库塞由此认识到爱欲本能和死亡本能的密切关联。

关于爱欲本能和死亡本能的和解,马尔库塞依据"涅槃原则"。其内在逻辑是:正如出生之前胎儿与母体的连接,此时是"前自我"状态;婴儿出生即与母体产生分离,然而"自我"终生有重建这一原始统一的愿望;现实社会中,个体的生活越幸福、越不感受压抑,死亡本能越趋向于涅槃原则。"死亡本能根据涅槃原则而起作用,它将趋向于得到一种毫无张力、毫无欲望的持久满足。这种本能趋向意味着,随着死亡本能接近这样一种状态,它的破坏性表现也将降到最低限度。如果这种本能的基本目标不是终止生命而是终止痛苦和消除张力,那么,在本能方面有点奇怪的是,生命越是接近于满足状态,生死冲突就越缓和。于是,快乐原则和涅槃原则便汇聚了。"[①]爱欲本能越能充分实现,则死亡本能的攻击性越弱;生命状态越完满则越知足,人生终点处可以含笑而终。相反,爱欲本

---

① 马尔库塞:《爱欲与文明》,第173—174页。

能越被压抑则破坏欲越强,要么自毁要么仇视社会,那么生命终点可能成为破坏性能量的释放。所以,马尔库塞在书的最后,以乐观的笔触写出了个体于死亡的坦然接受。"死亡可以成为自由的一个标志。死亡的必然性并不排斥最终解放的可能性。死亡同其他必然性一样,也可以变得很合理,即变得无痛苦。"①与此同时,马尔库塞哀悼着历史上那些痛苦绝望中死去的人,因为历史无可更改,尤其是如果人类的痛苦源于人祸而非天灾,就更令人痛惜。马尔库塞此书初版于1955年,半个多世纪过去了,地球上战乱频仍,很多难民还在流离失所。然而社会现实不能证明马尔库塞理论的无用,反而说明了人类改变观念的重要性。认识世界并尽力改变世界,是马克思主义和西方马克思主义最为宝贵的精神财富。

总之,马尔库塞爱欲解放理论之于传统哲学而言,是对理性主义哲学的逆转。正如反形而上学的尼采被海德格尔称为最后一个形而上学家,反对理性主义的马尔库塞也陷入同样的理论怪圈,即他主张的感性解放是否也是停留于抽象的思辨领域,没有可能真正进入人类历史?比如他的两个文化英雄,原本作为艺术家而非劳动者的形象,其歌唱就是劳动在现实中如何可能?艺术和技术

---

① 马尔库塞:《爱欲与文明》,第175页。

的携手在艺术设计、商业设计中可能,在政治领域如何实现?或许,对于马尔库塞乐观的爱欲解放理论,他自己十年后的《单向度的人》给出了某种程度的纠正:解放与否不是心理学和美学问题而是政治问题;或者说,政治问题不解决,爱欲解放就是空话;当权力和资本把个体推向了虚假需要和虚假幸福,此时个人能够做的,或许只是捍卫一点可怜的自由——拒绝文化规训、践行"生活艺术"。

与马尔库塞一样,福柯对于生命本能进行辩护和捍卫,批判现代文明对于个体的规训控制,疯癫可以说是个体被文明所规训时出现的"反常"症状。以《爱欲与文明》作为参照,"疯癫"作为"文明"的对立面,处于被文明排斥的位置,疯癫是爱欲被压抑、以死亡本能面目出现的内在能量;以《单向度的人》为参照,"疯癫"是不能被整合的声音;以霍克海默和阿多诺的《启蒙辩证法》作为参照,"疯癫"是未被文化工业控制的力量。《疯癫与文明》写出了"疯癫"与"文明"的辩证法:文明如何成为疯癫,疯癫如何成为文明。真正的人类文明,应该重视而非排斥疯癫,以不断重塑新的理性精神。

(四)福柯的"生命政治"

福柯的"生命哲学"有其特殊性,体现于20世纪70年代的"生命政治"概念。但是,福柯的生命政治思想并非肇始于70年代,在其早期著作中已见端倪,《疯癫与文明》中现代精神病学就是生命权力的体现。

关于"生命政治"(Bio-politics)这一概念的谱系,吴冠军做过梳理。"从词源学的角度而言,'生命政治'这个词最早由瑞典政治学家科耶伦(Rudolf Kjellén)于20世纪20年代所创制。"[1] 科耶伦对于"生命政治"的热衷,实则出于"生命哲学"影响。按照德国当代著名哲学家、黑格尔研究专家施奈德巴哈的观点,西方"生命哲学"有三大思潮:一是柏格森代表的形而上学的生命哲学;二是历史哲学的生命哲学,以斯宾格勒为代表;三是伦理性的生命哲学,以尼采为代表。若以生命政治为视域,可以看出,福柯受到的主要影响是尼采这条线索,即伦理学的生命哲学。

福柯第一次使用"生命政治"概念是于1976年3月17日的法兰西学院讲座中。福柯1—3月的系列讲座后来以"必须保卫社会"之名结集出版。保卫社会是自由主义的一个信条,在此"社会"与"政府"是对立的概念,保卫社会潜台词是对抗政府,即站在社会的立场上,反抗政府对人民的控制。

福柯"生命政治"这个概念的文字形式最早出现于

---

[1] 转引自吴冠军:《"生命政治"论的隐秘线索:一个思想史的考察》,载《教学与研究》2015年第1期。

1976年出版的《性意识史》第一卷《认知意志》第五章"死亡的权利和管理生命的权力"部分。第一卷区分了几种权力概念,以及"性"怎么样成为"生命权力"的对象。尽管第一卷处理的是性与权力问题,由于时间上与现代精神病学处于同一时期(18世纪末到19世纪),可以侧面揭示疯癫与权力的关系。福柯"生命政治"包含了两个方面:对于身体的规训以及对于人口的管理。福柯将"生命政治"界定为"一种新的权力技术",其核心特征就是对于"生命"本身的掌控,它不仅是一种压抑、摧毁的力量,更是一种生产性的力量。

具体而言,福柯区分了这样几种权力:君主权力、规训权力、生命权力。

第一,从古代到中世纪的君主权力/国家权力。从古希腊—罗马到中世纪都是君主权力,这种权力的特点是表现为一种"抽取"的权力——从臣民抽取财富、服务、劳动、生命。行为主体有生杀予夺的权力,即"使人死或让人活"的权力(right to make die or let live),这是最极端的权力。君主权力在后世并未消失,它在某些极权主义国家仍在运行,但已不再是权力的普遍形式。

第二,17—18世纪的规训权力。这是一种现代政治权力,是针对个体的规训。君主权力消失,"一种科学机制"以国家之名发挥作用。最为集中的体现是军队、学校、监狱,以至于福柯认为整个社会实行"监狱体制"。其特点是让人性格温顺而身体强健,做听话的工具人。

第三,18世纪末之后的现代"生命权力"(或译生物权力),即对于人的治理。

生命权力不是可以"使人死"的君主权力,而是如何"使人活"的权力。不是对于个体生命有生杀予夺大权,而是对于作为物种的人类进行"生命管理",以维护其健康、安全、优生优育等整个生命过程,当然疯子也被纳入人口管理。生命政治的目标是管理作为"社会身体"的"人口",比如提高或降低生育率、产检以排除基因缺陷胎儿、婴幼儿接种各种疫苗、成人常规体检等。人类的生物性而非政治性成为国家权力的核心。对比亚里士多德将人作为政治动物,就可以明白生命权力何以也是一种权力。在此意义上,阿伦特之类哲学家正是要重建公共领域,以激发人类作为政治动物的潜能。

生命权力也体现着规训,只不过与规训权力对象不同、目的不同,规训权力针对个体,生命权力针对人口,规训权力针对肉体,生命权力针对生物学的人种;方式不同,规训权力是惩罚机制,生命权力是各种统计数据。从时间线和特质来看,现代精神病院主要体现的是生命权力,而非君主权力和规训权力。

关于"生命权力"和"生命政治",有学者认为这两个概念在福柯基本同义,特点是现代国家对于身体的规训和对于人口的控制两个方面。也有学者认为,生命政治与生命权力或生命治理有不同之处。

福柯之所以在《性意识史》中探讨"生命权力",是由于"性"能够成为规训权力与生命权力的"轴线之间的合页"。具体原因有以下几方面:对性的监控,既是对于个体身体的控制又是对于人口的控制(异性性行为会制造新的生命),前者体现规训权力,后者体现生命权力;性行为可以是疾病传染的媒介,所以是生命权力的监控对象。从政治角度而言,基因取代血统成为生命权力的关注对象;最重要的是,是否反常或者变态,将会超越对于生育和疾病的关注,作为社会控制网格来进行运作。就国家政策而言,整体人口的安全而非个体生命成为首要的考虑,这样生命就可能不是目的而仅仅是手段。福柯的这一思想在阿甘本得到很好阐发,其《神圣人》就指出犹太人被以"种族卫生"的名义,作为"赤裸生命"屠杀,以保证所谓高贵"雅利安人"的纯洁。极端的生命权力比如德国的社会达尔文主义,主张不要对穷弱进行社会救助,任其自生自灭,即认为人类社会也应该像大自然一样,有自己的淘汰机制。在种族与人口问题上,今天的"生物战争"就威胁着人类这一物种本身。

1978年法兰西学院讲座"安全、领土、人口"中,福柯对于"生命权力"进行了如此阐释：人类这个物种的基本生物学特征成为政治策略的对象，就是说从18世纪末起西方社会开始把人类作为一个生物学的物种来认识。在1979年法兰西学院讲座"生命政治的诞生"中关于何谓"生命政治"，福柯开篇申明："我用这个词，意在表明一种始于18世纪的行为，它力图将健康、出生率、卫生、寿命、种族……等等问题合理化。"[①]生命权力是政府对于人口的管控，包括生老病死的整套生命过程。随着18世纪西欧人口增长，对人口的调节成了国策。"要使国家强盛，人口问题或许是最大、最活跃的要素。就此，健康、出生率、卫生，理所当然地在其中找到了重要的位置。"[②]他以德国为例，说明自由主义与"国家理性"的冲突，16世纪末以来的"国家理性"为不断增长的治理术而辩护，18世纪发展出治安科学，治安科学的思路是总担心"管得太少"。可以清晰看到，此处涉及的对象是"人口管理"而非"个体规训"，那么就有一系列的问题，对于"人口"如何管理？管理依据是什么？如何确立法律与个体自由之间的界限？比如，生育问题，是个人权利还是国家法律的场域？

---

① 福柯：《生命政治的诞生》，见汪民安编《什么是批判：福柯文选》（第二卷），北京大学出版社2016年版，第237页。

② 福柯：《生命政治的诞生》，见汪民安编《什么是批判：福柯文选》（第二卷），第239页。

作为后现代哲学家,福柯没有提供一种宏观的自由主义理论,而是从"治理术"的角度进行探讨,将自由主义作为一种质疑和反思的立场。具体而言,就是思考政府是否"管得太多"。他进而指出,自己对于自由主义的反思不是提供一种理论或者意识形态,而仅仅是一种"实践"和"行事方式",探讨"使治理实践变得合理化的一种原则和方法"。福柯探讨政府是否"管得太多",依据何在呢?他是站在"社会"的角度质疑国家和政府的合法性。"正是以社会的名义,人们才试图确定,为什么要有一个政府?在什么范围内可以不要政府?在什么情况下政府的干预有害无益?"①福柯的质疑是否成立呢?理论上当然是可以质疑,马克思就预言了未来社会里国家消亡的必然性、可能性和现实性。受到马克思主义和法兰克福学派影响的福柯,对于资本主义政府的质疑当然顺理成章。因此,自由主义不是描画虚幻的未来乌托邦蓝图,也不是作为国家治理的对立面,而是提供一种原则和方法来评判、影响当下的社会治理,最终目的是"保卫社会"。以"市场"为例,在计划经济与市场经济两个极端之间,需要国家政策层面的平衡。如果允许自由主义对于社会治

---

① 福柯:《生命政治的诞生》,见汪民安编《什么是批判:福柯文选》(第二卷),第239页。

理的不足进行探讨,那么政府的治理水平或许相应地得到提高。福柯举了自由主义的两个例子,一是1948—1962年的"德国自由主义",二是"芝加哥学派的美国自由主义",认为二者都批判了"过度治理",主张"俭省治理"。后来,福柯干脆以"治理术"取代"生命政治"概念。福柯"生命政治"概念被阿甘本、哈特、奈格里等学者深化、发展。阿甘本和埃斯波西托都承袭了福柯的生命政治概念,分别以"赤裸生命"和"免疫体"概念来延续了福柯的思考。

在福柯权力理论中,有一种主体性重构的思路。正如主张对抗规训权力,福柯指出,人们或许无法摆脱生命权力的控制,但是可以通过一定的策略来抵抗生命权力,创造自己的生活和生命形式。因此,人们并非完全作为被动的生物,而是应该践行自己的生命政治,真正作为政治动物而非生物而活。

《疯癫与文明》导读

前　言

此书前言也是纲要。福柯简要说明，历史上理性和非理性曾经是未分化的；在历史的某个时间点，二者产生分化，文明开始以理性之名排斥非理性，非理性表现形式之一是疯癫。在不同历史时期，理性以不同名义排斥非理性：文艺复兴时期疯子被理解为愚人而流放，古典时期疯子被与罪犯混同而囚禁，现代时期疯子被界定为精神病人而治疗。可见，"疯癫"的界定如此不稳定，只是文明于不同时期的"话语建构"，而且疯癫与文明的对立并非永恒的而是变动不居的。

首段只有4行字、两句话，却足以引发读者深思。首句引用了17世纪思想家帕斯卡尔的话："人类必然会疯癫到这种地步，即不疯癫也只是另一种形式的疯癫。"第二句引用了俄国作家陀思妥耶夫斯基的话："人们不能用禁闭自己的邻人来确认自己神志健全。"(前言第1页)短短两个句子,却是石破天惊之语,印证着福柯此书的主导思想:人类文明如何以道德、法律、医学之名排斥非理性,如何把非理性作为失德、犯罪或精神病来对待,拥有话语权的一方如何建构着何谓"文明"何谓"疯癫"、何谓"理性"何谓"非理性"的话语。

福柯此书并非人类文明的赞歌,亦非艺术美学研究或者艺术家疯癫心理分析,而是以西方文明关于"疯癫"的话语建构为考察对象,兼以哲学家、作家、画家的疯癫作品为例证烛照文明辩证法。其最终的理论旨归不是疯癫的历史研究,而是力图理解当下,即:今天这个时代处于何种状况?今天的我们如何被定义?"另一种形式的疯癫"在今天以何面目呈现?他呼吁人们在权力作用的地方,去发现"权力的微观物理学",去进行权力博弈,真正作为人类而非工具而活。

前言第2段,福柯申明,"我们尚未而应该撰写一部有关这另一种形式的疯癫的历史"。这"另一种形式的疯癫"即文明。"疯癫"与"文明"是彼此关联的两端,研究一端就必须兼及另外一端。他要探究"疯癫"话语的产生机制:人类文明的排斥机制一直在运转,一直在进行着真理游戏;关于"疯癫"的话语建构在何时出现,从此疯癫与理性分化并纠缠;由于文明将自身书写为"真理""理性""文明""道德"与"科学",所以其"疯癫"的真实面目被掩盖。

基于人类文明的自我美化以及对于异己声音的压制,福柯声称要撰写"这另一种形式的疯癫的历史",同时要挖掘、记录失语者的声音。"我们有必要试着追溯历史上疯癫发展历程的起点。在这一起点上,疯癫尚属一种未分化的体验,是一种尚未分裂的对区分本身的体验。"(前言第1页)然而这一追溯是否可能?通过怎样的途径,才能确定这一"起点"?如果这个"起点"可疑,那么福柯的后续研究就未必可信。福柯确实被很多学者质疑,但是福柯作为思想家的意义也在这里,他的考古学方法就是关注历史中的断裂而非连续,福柯在进行独创性的"差异思考",他至少提供了一家之言。

第3、4段指出:"作为起点的应该是造成理性与非理性相互疏离的断裂,由此导致理性对非理性的征服,即理性强行使非理性成为疯癫、犯罪或疾病的真理。"(前言第2页)即历史上理性对于非理性的排斥是一种真理游戏,"疯癫、犯罪或疾病"可以是人文科学甚至医学、精神病学的话语建构,实则话语—权力机制的体现。

第5段描述了现代社会的景观,"正常人"不再与"疯子"交流,"疯子"被从社会驱逐到精神病院。"共同语言根本不存在,或者说不再有共同语言了……18世纪末,疯癫被确定为一种精神疾病。这表明了一种对话的破裂……精神病学的语言是关于疯癫的理性独白。"(前言第2—3页)福柯认为精神病学不能理解艺术家的疯癫以及艺术作品的意义,福柯自己的立场是发掘"疯癫"话语并试图理解其意义。

第6段只有一句话:"我的目的不是撰写精神病学语言的历史,而是对那种沉默做一番考古探究。"(第3页)这是一句沉重的话,也是一种决绝无畏的姿态。精神病人要么是沉默的,要么其语言被认为是无意义的疯言疯语。倾听失语者的声音,为被剥夺权利的人发声,是福柯终生的使命。

第7段,福柯说明古希腊思想中理性和疯癫并未被对立起来,"在古希腊的逻各斯中没有与之相反的命题"(But the Greek Logos had no contrary)。古希腊的逻各斯概念有丰富的意义,比如言说、思想、理性、原理、定义等,结合福柯此书语境,此处"逻各斯"理解为"理性"比较恰当,即理性—疯癫的联结是希腊思想的精髓所在。

福柯曾说"疯癫不是一种自然现象,而是一种文明产物",他致力于探讨西方文明不同时期对于疯癫的界定。此处则表明,福柯并未完全将疯癫视为谱系学意义的历史建构,这或许是他从海德格尔存在论继承的理论遗产吧,即依然有"在场的形而上学"倾向。

福柯在《尼采、谱系学、历史》(1971)一文中批判了形而上学历史观,即预设了"永恒真理、灵魂不朽和自我同一的意识",认为这是一种超历史的意识。但是,福柯此处对于古希腊理性与非理性关系的理解,表明他并未摆脱形而上学预设,而且认为这一类非理性在人类历史中永恒闪耀、历尽劫难而不灭。他的谱系学反对寻求"起源",此处他却表现出了对于"起源""开端"和"源初同一性"的某种热衷。

古典学家多兹引用《斐德若篇》中苏格拉底的观点"我们最大的恩赐以癫狂的形式降临我们",并说明早在柏拉图之前的希腊文化中就区分了两种癫狂,即"神圣的"癫狂和"由疾病造成的普通癫狂"[①]。福柯书中正是捍卫着第一种意义的疯癫,他要传承的也正是这种疯癫精神。尼采《悲剧的诞生》中指认苏格拉底之类"理论人"扼杀了悲剧,但是福柯此处说明,苏格拉底的言辞中延续了对于疯癫的辩护。

第8段,福柯认为中世纪初以来,欧洲思想中理性与疯癫仍有联系。"也许,正是由于这种模糊不清的存在,西方的理性才达到了一定深度。"(第3页)这一希腊智慧在文艺复兴时期得以延续。此后理性主义哲学确立了理

---

① 多兹:《希腊人与非理性》,王嘉雯译,生活·读书·新知 三联书店2022年版,第76页。

性对于非理性的主宰。寻求理性与非理性的再度和谐，无论就文明而言还是就个体生命而言，都是重要的事情。正如自然界白昼与黑夜的相互依存，理性对于非理性的包容才使文明得以平衡、人格得以完整。

第9段，福柯说明将此研究局限于"欧洲文化"意义上，而不是谈论"文化的本质"。作为后现代哲学家的福柯当然也是反本质主义者，他不会追寻文化的普遍"本质"，不会将"理性与疯癫"泛化为"非欧洲文化"的普遍问题。所以他此处提到"文化的界限"。联系他在《词与物》开头引用的博尔赫斯小说中关于"中国人动物分类"的例子，可以看到福柯认可文化差异，而且反对文化优劣论。

第10段即最后一段，说明古典时期的大禁闭政策在18世纪末被精神病院取代，即社会层面对待疯癫发生的明显政策转向。就知识建构而言，福柯在此处明确提到"结构"——"有一种结构正在形成"。这里的"结构"如果借鉴考古学方法中的"知识型"概念，将会清晰看出福柯在勾画18世纪末西方文化中发生的认知转向。理性主义精神主导之下的精神病院是一个透明却无声的地带，疯子的声音被与社会隔绝。似乎这一区分向来如此，无需质疑。

总之，前言部分福柯简略阐明了此书脉络：古希腊时期对于疯癫经验的重视；文艺复兴时期对于疯癫体验与真理关系的认可,疯子还能代表一种"神秘的力量",正常人还能与之交流;古典时期对于疯子的禁闭,正常人不再与其交流;18世纪末开始,疯癫被作为"精神疾病",疯子被囚禁到精神病院,被交给精神病医生治疗。而在精神病医生看来,疯癫是医学意义上无可置疑的事实,疯子的疯言疯语要么是无意义的噪音而没有倾听的必要,要么是精神疾病的症状而需施以相应治疗。

作为考古学方法的运用,此书在描述西方文化对于疯癫认知模式的转变,基本没有探讨权力。但是并不意味着此书没有体现权力,无论是愚人船、大禁闭,还是现代精神病院,都是社会机构在运用权力处置疯子。福柯考古学与谱系学方法只是观察角度的不同,考古学暂时悬置了权力而凸显了话语建构之维,谱系学则是聚焦于权力。如果说对于疯癫的认知转向是此书明线,那么权力就是此书暗线。

福柯对于卡夫卡情有独钟。不妨借用卡夫卡的意象来理解福柯书中的权力运行,"一个笼子在寻找一只鸟"。这是一个意味深长的句子,一个看似寻常却阴森至极的意象:无情的权力之眼在追踪鸟的踪迹,冰冷的官僚机器在冷却着生命的温度;自由飞翔的鸟,由于感知到笼子的强力而晕眩,自觉性命攸关之际,鸟儿甚至自觉归笼。正常与反常、有罪与无罪、真理与谬误都奇妙地颠倒了过来。卡夫卡和福柯都是从积极方面领悟犯罪,卡夫卡甚至声称"美只存在于罪犯身上"。福柯揭示出社会的规训机制使得人们驯顺,人们如同笼中之鸟失去了飞翔的能力。罪犯和疯子则是未被成功规训的一类,也正是其价值所在。福柯此书基调契合《肖申克的救赎》中的自由之歌:"有些鸟儿是注定不会被关在牢笼里的,它们的每一片羽毛都闪耀着自由的光辉。"只是此书的剧情是反着的:每一片羽毛都闪耀着自由光辉的鸟,将被认为是疯癫而关入牢笼。

第一章 "愚人船"

福柯《疯癫与文明》中译本第一章标题及正文中的"愚人船"概念来自拉丁文 Stultifera navis,林志明译本为"疯人船"。按照《疯癫与文明》的书名,译为"疯人船"或许更为顺理成章。考虑到福柯书中"疯子"和"愚人"在中世纪并未完全区分,而且"愚人船"概念在大陆学界早已深入人心,所以本书依然沿用"愚人船"的译法。

此章内容跌宕起伏,风景异彩纷呈,给人的阅读感受如坐过山车般目不暇接。就其思想而言,则如天地间一出盛大悲喜剧的上演,五彩缤纷的舞台上响彻着悲怆之音。

在分析"愚人"现象之前,福柯讲述了社会对待"麻风病"(或译"麻疯病")的态度。中世纪的欧洲历史上曾经出现过大规模的"麻风病院",整个基督教世界里的麻风病院多达一万九千多家,法国官方登记在案的就有两千家,它们作为隔离场所也是被社会排斥的所在。随着此病在中世纪末基本消失,麻风病院也随之荒废。紧接着出现了另外一种情况,一种新的"疾病"被发现,于是"社会清洗和排斥的习俗卷土重来"。

在经过几个世纪的梦魇之后,欧洲的麻风病在 17 世纪末得以彻底消除。原因首先在于实行了隔离,其次在于随着十字军东征结束,病源地得以隔绝。尽管麻风病消失了,但是江湖上一直有它的传说,荒废的麻风病院依然被视为肮脏,排斥异己的习俗保留了下来,麻风病人的可怕形象重新附着于新的人群。麻风病甚至被从神义论的角度论证,罹患恶疾不仅被视为一种"惩罚"也被视为"恩宠",他们的存在被认为是上帝存在的可靠证明,是上帝愤怒和恩宠的表征,于是"遗弃就是对他的拯救,排斥给了他另一种圣餐"(第 9 页),因而疾病被赋予了宗教以及道德意味。此处"圣餐"(communion)在林志明译本中是"结合",译为"结合"是直译,从上下文语境而言译为"圣餐"未尝不可,可以体现人类与上帝缔结的救赎关系。

现代文明依然延续着古老的传统,即对疾病的道德化甚至宗教化,比如将瘟疫视为上天惩罚、将恶疾视为因果报应。书中插入"麻风病"的介绍是有原因的,"疯癫"与"麻风病"这两个概念的内在逻辑是:中世纪末,麻风病在西方世界逐渐消失了,但是西方世界的排斥机制依然运转,穷人、流浪汉、罪犯和"精神错乱者"即"愚人"成为被社会排斥的新群体,于是开启了新一轮的污名化、排斥和迫害的历史。

至关重要的是,福柯此处点明了"结构"这一核心概念——人类文明排斥异己的结构,无论社会怎么发展演变,这一排斥结构在历史长河中始终凸显。这是福柯考古学与结构主义的契合点,而且在福柯笔下,不仅是社会排斥的结构得以流传至今,宗教救赎的结构也延续至今。在现代精神病院,患者以及家属对于医护人员的神化就是例证,医护人员不仅承担了治疗疾病的责任,也被投射了纯洁的道德寓意和救赎的圣光。

首先接替麻风病被排斥地位的是性病,继而是疯癫。

文艺复兴时期的"想象图景"上出现了一个奇特的意象即"愚人船"。福柯指出,"愚人船"这一意象不是中世纪文学艺术的独创,而是有古老的历史,早在希腊神话中就已经出现。这一意象借鉴了古希腊英雄史诗中亚尔古跟随尹阿宋远赴海外觅取金羊毛的故事,又赋予其浪漫的时代精神。于是15世纪至16世纪初出现了一批舟船意象的文学作品。"这些船载着理想中的英雄、道德的楷模、社会的典范,开始伟大的象征性航行。透过航行,船上的人即使没有获得财富,至少也会成为命运或真理的化身。"(第10页)在这些想象性的文学作品中,只有一种意象是历史上真实存在过的,即"愚人船"。所以此处需要注意,福柯论述的"愚人船"的故事不仅是文学艺术的虚构,也是真实的历史事实,他提供了详细的数字说明欧洲对于疯子的驱离:疯子如何被其家乡流放,如何被水流带向陌生的他乡,如何被社会进行着"区分"和"清洗"。15世纪上半叶的德国就有疯子被驱赶、拘捕、顺水流放的详尽记录;法国还有其他一些应对措施,比如将疯子关进疯人塔或送入医院进行看护。由于最先收容疯子的是一些宗教圣地,所以"愚人船"的航行就有了双重意味:既是被文明社会所驱离,又是朝圣之旅。"这些萦绕着整个文艺复兴早期想象力的愚人船很可能是朝圣船。那些具有强烈象征意义的疯人乘客是去寻找自己的理性。"(第11—12页)

另外,并非圣地的城市也聚集了一些疯子。这些疯子被家乡驱离,被商人和水手随意丢弃在异乡,于是在异乡游荡并被投入监狱。疯子们被文明社会进行了区分和排除,"大量迹象表明,驱逐疯人已成为许多种流放仪式中的一种"(第12页)。乘坐"愚人船"的疯子们,不仅作为危险而无用的因素被故乡放逐,而且航行途中命运莫测,在水上他们面临着双重"净化":一种是社会层面的涤除,一些疯子在路途中死去,于是他们被社会进行了彻底的清理;一种是心灵的规训,当他们终于踏上异乡的土地,或许他们已然恢复了"理性"。于是,水域成为两个世界的中间地带,关联起故乡和异乡;愚人船成为类似疯人塔和监狱的水上囚笼,囚禁着文明社会的异类,兼有流放、净化、规训、治疗和消灭功能。

就疯子的实际处境而言,他们被囚禁在水上,他们随船漂泊,既被故乡驱逐也无新的居留之所,他们不断地被丢弃在陌生的港口又不断被再次驱离。疯子是彻底失却故乡的人,故乡已将他们无情切割,他乡亦不欢迎此等寄生虫和危险分子。等待他们的将是什么命运呢?更重要的是,疯子意味着什么呢?

今天的读者感叹"愚人船"上疯子的命运之时,或许也在进行区分:"我们"与"他们"。"我们"作为文明社会的正常人而置身安全地带,"他们"作为疯子而未能享受现代文明的人道主义关爱和现代医学治疗,所以"我们"庆幸社会的进步和医学体系的完善。如果读者的确做着这样的区分,那么就剥离了疯癫的形而上学意味,将其还原为医学的事实。福柯这里,疯癫有其形而上学的来源和谱系,有其与理性无法割舍的联系。

确如福柯恩师康吉莱姆所言,要理解疯癫,需要诗人的才华。还可以补充,要理解人生的悲剧性,需要哲人的睿智。尼采、福柯都是既具有诗人的才华又具有哲人的睿智的人,同样类型的还有卡夫卡。福柯笔下疯子的处境,正如卡夫卡笔下的乡村医生,他们被文明所区分、被视为他者而流放。卡夫卡的《乡村医生》就描写了置身两个世界之间的人,赤身裸体的老医生,坐在人间的车子上,驾着非人间的马,在严寒的冬夜里四处奔波⋯⋯只有这样洞若观火的目光,才能看清社会的区分和排斥机制。更重要的是,极少人能够感受到,这类疯子生命的价值,其生命神秘莫测,细微如烟或热烈似火。福柯力图理解这些被驱逐和遗忘的悲剧人物。然而,作为读者的我们,或许有着与德里达同样的疑问:书写他们是否可能?正常人如何可能理解疯子?

幸好,后世的人们拥有文艺复兴时期流传下来的文化艺术瑰宝,得以窥见当时疯癫与文明的对话。福柯表明,疯癫与水域不仅出现于文艺复兴时期的想象图景,而且存在于"整个西方文化的历史"中。这是西方文化一条隐晦的暗线,文艺复兴时期得以彰显而已。此后的理性时代却力图抹去这一线索,力图从文化中彻底驱除疯癫。福柯的考古学和谱系学就是要考察"实际的历史",同时在"被书写的历史"中考察"话语—权力"机制的运转。

15—17世纪中叶的文艺复兴时期,社会对待疯子的态度与17世纪中叶之后的古典时期有所不同。文艺复兴时期"疯子"与"正常人"还在沟通交流,甚至疯子的声音还被视为真理。当舞台上的诸角色由于愚蠢而忘乎所以,疯子则是警示者;诸角色不知道自己的疯癫,疯子反而成为真正的清醒者。正如《红楼梦》中"跛足蓬头,疯疯癫癫"跛足道人絮叨的《好了歌》,执念缠身的世人将之视为疯言疯语而不屑一顾,只有历经劫难、生性恬淡的甄士隐能够从中勘破迷津。

文艺复兴时期的众多悲剧作品都写到了疯癫与水域:《特里斯坦和伊索尔德》中的特里斯坦由于遭遇爱情磨难而佯狂,他来自大海,他洞悉真相;《哈姆雷特》中的奥菲利亚由于父亲被哈姆雷特误杀而发疯、河中溺亡。福柯指出,疯癫广泛存在于文艺复兴时期,"无可置疑,自15世纪以来,疯癫的形象一直萦绕着西方人的想象。"(第17页)

关于为何疯癫成为文艺复兴时期欧洲文学艺术主题,关于为何文学和绘画领域疯子形象大量涌现,福柯指出:"其原因就在于它是一种巨大不安的象征,这种不安是在中世纪末突然出现在欧洲文化的地平线上的。"(第15页)可以理解福柯将疯癫主题与"巨大不安"关联的原因,但是引发更大疑惑的是,"巨大不安"原因何在? 福柯此处没有进行解释。从行文语境来看,是指中世纪末期基督教信仰的崩塌,一个时代终结了,人类失去了对于上帝的信念。与此同时,人类对于自身也发生了疑问,尚未建构起启蒙时期人类主体性的信念,于是伟大的人文主义者开始正视"生存虚无"问题。哈姆雷特关于人类"高贵的理性"以及"宇宙的精华、万物的灵长"的台词往往被后世理解为人类的颂歌,却忽略了他接下来的反讽精神,"可是在我看来,这一个泥土塑成的生命算得了什么"。意味深长的是,哈姆雷特疯了,而当一个人发疯,他确实开始说出真理!

疯癫主题之前,曾经有过死亡主题。死亡之所以成为主题,在于失去了彼岸世界慰藉的人们感受到了死亡来临的恐慌。15世纪末,疯癫主题取代死亡主题。疯癫是对死亡的藐视和无情嘲笑,由此解除了对于死亡的恐惧。人们从必然死亡这一沉重事实转向戏谑和反讽。"疯癫就是已经到场的死亡。但这也是死亡被征服的状态。"(第17页)对于肆意嘲笑死亡的人们而言,也就不复有死亡降临的恐惧。

关于疯癫的几种表现:

首先是故事和道德寓言中的疯癫,这些"傻故事"中体现的其实是"非理性"。既然是非理性,就与每个人相关。人们并未严格区分"疯癫"和"愚蠢",有时混同使用。

然而疯子或曰傻子却是真理的卫士，以愚蠢的言辞说出哲理。鲁迅先生的《狂人日记》可以说明这一道理，只有狂人喊出了传统文化"吃人"的真相。

其次是文学与学术著作中的疯癫。比如，福柯提到一些重要文学作品如布兰特《愚人船》以及博斯绘画《愚人船》、伊拉斯谟哲学著作《愚人颂》。可见疯癫遍及文艺复兴时期的文化和艺术领域。疯子形象不仅出现于文艺作品，也在严肃的学术著作中探讨，疯癫言辞不被视为荒诞不经，反而可以声称更理性、更接近真理。

不仅绘画、文学和哲学中有疯癫，戏剧表演、版画、木刻中都有"愚人舞"体裁。关于绘画与文学的关系，福柯指出不应该停留在将绘画理解为文学的图解，因为"言语和形象的统一、语言描述和艺术造型的统一开始瓦解了"（第19页）。结合福柯《这不是一只烟斗》的短文，可以看出他的观点，即文字不是图画的补充，绘画也不是文学的演绎，绘画、版画和壁画中的意象有其自身的逻辑和魔力。所以不能将布兰特的诗歌作为解读博斯绘画的依据，或曰不能将博斯绘画的意义局限于布兰特的文本。福柯以德国版画为例说明，古老的智慧以一只长颈鸟的意象来表现，鸟是一个象征，说明思想从心脏经过漫长时间的思考才得以提炼，说明思考过程的漫长与艰难。清晰严谨的语言无法把握意象深邃的奥秘，文学毕竟也是意象性的,与画作尚能契合,哲学语言则难以阐释画作的复杂意味。这是意象的神奇之处,荒诞、神秘、意义繁杂、令人困惑。比如,15世纪画作中的"疯癫"往往与"诱惑"相关,尤其是博斯绘画中出现的奇特动物形象。博斯名画《圣安东尼的诱惑》中隐士圣安东尼被众多怪物环绕。"在15世纪,这种怪面的疯癫形象,变成无数以'诱惑'为题的作品所偏爱的形象之一。"(第21页)困扰修士的不是欲望,而是一种神秘的力量。

这些魅惑的意象意图为何?

首先,这些怪异魅惑之物透露着"关于人的本性的一个秘密、一种使命"(第22页)。关于人的本性,西方传统哲学从形而上学和宗教的角度进行阐发,启蒙运动时期则从理性的角度进行界定,文艺复兴时期的艺术早就给出了与19世纪非理性哲学相通的答案:人是发狂动物的可怕形象。换句话说,动物形象"反过来揭示了隐藏在人心中的无名狂暴和徒劳的疯癫"(第22页)。即使圣洁如圣安东尼,也被人性的复杂性诱惑:他看到人性中神圣、理性、正常、高贵、文明的一面,也看到人性中的另外一面,即发狂的古怪动物,特点是反常、下贱、野蛮。

其次,更为重要的是,疯癫的魔力在于,它自身就是一种知识,是神秘幽深的知识,已经接近现代的荒诞意识,生存成为巨大的虚无,死亡不再可怖;理性的人拥有片面的知识,而"天真的愚人"则拥有"完整无缺的知识领域"。所以圣安东尼感受到此类知识的"诱惑"。诱惑不是名利和爱情的诱惑,而是知识的诱惑,是一种作为禁忌的知识。这种知识是一种真正的智慧,也是一种疯狂的智慧,它意识到世界既非由魔鬼也非由上帝主宰,而是由疯狂主宰。

意味深长的是,伊甸园里的知识之树被连根拔起,成为博斯画作《愚人船》船上的桅杆。桅杆下聚拢着一群饕餮之徒,于是愚人船成为欲望之乐园,愚人船成为伊甸园的反讽镜像。"知识之树"原本是让人"知善恶"的树,"这种愚人的智慧预示着什么呢?毫无疑问,因为它是被禁止的智慧"(第23页)。它为何被禁止?它勘破着世界的意义虚无、生命的欲壑难填、文明之舟无舵也无帆。丢勒画作中,上帝派来的骑兵不是和平正义的使者,而是疯狂报复的武士。文艺复兴时期人文主义知识分子对于世界荒诞和非理性性质的认识可见一斑。

博斯绘画中对于人性的认识是,"出没于他的噩梦之中的,困扰着他的孤独之夜的动物就是他自己的本性,它将揭示出地狱的无情真理;"(第24页)既然世界如此、人性如此,那么下面的结论也就顺理成章了:"这种无序、这个疯癫的宇宙早已预示了残忍的结局。"(第24—25页)无论如何,这种对于人生和世界的认识是一种超越时代的洞见,一种无情嘲弄可以从中产生,一种真正的悲剧意识也可以被激发出来。

相比绘画,文学、哲学和道德方面的疯癫则呈现不同的面貌。

文艺复兴时期,疯癫从中世纪的诸多罪恶之中跃居首位,成为"人类一切弱点的领袖",它引导着轻松愉快和轻浮,并没有体现出绘画中表现的"世界的巨大悲剧性力量"的深度,相通的只是"疯癫同获得知识的奇异途径有某种关系"。疯癫解构了悲剧和崇高,它不仅使死亡不再恐怖,也使生命失去了价值。

正如今天的某些学者因其奇谈怪论而被称为"砖家",文艺复兴时期的某些学者也具有"愚人"的称谓。"正是由于虚假的学问太多了,学问才变成了疯癫。"(第26页)于是疯子和学者被颠倒了位置。布兰特长诗《愚人船》第一章描写了博学的学者们,插图中的大学教师头戴博士帽,然而博士帽的背后却是缝着铃铛的愚人帽。伊拉斯谟哲学著作《愚人颂》中的学者们则进入了愚人舞的行列。福柯以文艺复兴时期的疯癫观说明,文艺复兴时期的思想与后现代哲学有相通的智慧,即认为真理与谬误、疯癫与文明的区分不是铁板一块,而是可以松动甚至颠倒的,疯癫可以蕴藏着真正的智慧,而自诩的文明恰好是狂妄自大的疯癫。而且人类这一物种并非万物之灵,愚蠢或曰疯癫存在于每个人身上,自恋就是疯癫的第一个症状,自恋扭曲了人们看待世界、社会、自身的目光,由此疯癫进入了道德领域,表现为傲慢与贪婪。在欧洲15世纪的文学和哲学著作中,真正的疯癫经验体现为道德讽喻,即文学和哲学采取了一种超越的视角,芸芸众生的言行显得可怜、可笑复可悲。

文艺复兴时期,文学中的疯癫呈现为几种面相:

第一种是"浪漫化的疯癫",以塞万提斯的堂吉诃德为代表。他受到骑士小说影响,自封为骑士,做了很多荒唐的事情,他身体瘦弱却大战风车,他将壮硕的乡下姑娘想象为娇美的公主,初看是荒唐可笑的,实则充满英雄气概,体现一种理想主义情怀。

第二种是"狂妄自大的疯癫",没有特别著名的文学形象作为代表人物。特点是虚妄的自恋,即心中对自己不切实际的美好想象,想象中把并不具备的品质、美德或权力赋予自己。

第三种是"寻求正义惩罚的疯癫"。比如,麦克白夫人的疯癫,她由于犯下罪行而受着良心折磨而变得疯癫。

第四种是"绝望情欲的疯癫",是由于爱的受挫而导致的疯癫,比如奥菲利亚的爱情绝唱,比如李尔王由于勘破亲情冷漠而导致的疯癫。福柯对于莎士比亚和塞万提斯以极高评价。"在莎士比亚的作品中,疯癫总是与死亡和谋杀为伍。在塞万提斯的作品中,想象者的意象是被狂妄自负支配着。二者是最卓越的典范,后来的仿效者往往都是东施效颦。"(第31页)作为16世纪文学领域的悲剧性疯癫体验,两位作家的作品超越时空,影响至今不衰。

莎士比亚是伟大的人文主义者,他颂扬人类的理性和力量,同时他深刻洞察到人性的复杂以及文明和疯癫的纠缠。剧本开头,李尔王的行为看似正常实则疯癫,他让三个女儿对他花言巧语表示孝心,以此作为赐予恩惠的砝码;他剥夺纯朴的小女儿考狄利亚的权利,他自食其果,于是他发疯了。李尔王疯了的时候,愚人(弄人)给了他一个傻瓜帽(鸡头帽),李尔王于是说出了这番疯话:"当我们生下来的时候,我们因为来到了这个全是些傻瓜的广大的舞台上,所以禁不住放声大哭。"以及:"疯子带着瞎子走路,本来是这时代的一般病态。"聆听这些台词的观众将会不寒而栗,因为它依然是当今的世界图景,而观众终将明白,自己亦是剧中人。这种突然的醒悟,这种无处可逃的绝望,才是莎士比亚悲剧永恒的魅力所在。人生既是悲剧也是喜剧,能够反思自己的疯癫,才有获得些微理性的可能,否则就只能在疯癫的道路上狂奔至死。

堂吉诃德临终前回归"理性和真理",他突然意识到自己的疯癫,于是放弃骑士精神,与现实和解。福柯的评价是,难道这不是一种新的疯癫吗?堂吉诃德以疯癫的骑士形象获得后世敬重,也以疯癫的骑士形象获得不朽之名。在莎士比亚和塞万提斯的作品中,疯癫不属于现代医学意义上的疾病,它不是医生治疗的对象,它属于人性自身的悖论,只有死亡才能终结这一悖论,只有上帝能够宽恕或惩罚。比如,野心、嫉妒、傲慢、贪婪等特质,是怎么被赋予人类的呢?由此引发的罪恶以及疯癫,又是如何唤起后世的感慨和共鸣呢!

文艺复兴时期末期,即17世纪初的文学对于疯癫的态度出现了变化,"认可了真理的显示和理性的复归"(第33页),因而疯癫丧失了真理的维度,文艺复兴时期悲剧性的疯癫经验已经不再,"疯癫失去了令人瞩目的严重性;它只是因错误而受到的惩罚或引起的绝望。"(第33页)比如伊里斯丹隐士的《聪明误》中,主人公误以为女儿死去导致的疯癫,由于只是具体的错误引起,缺乏对于人性自身的深层叩问。事情的另一方面在于,由于主人公变得疯癫,矛盾得以展示,真相得以大白于天下,从而问题得以解决。由于疯癫只是一种错觉,它处于戏剧结构的中心,"它既是表面上各种人物的悲剧命运的会聚点,又是实际上导致最终大团圆的起点。"(第34页)起于误会而终于团圆,已然丧失了悲剧应有的品格。

17世纪中叶,就社会现实而言发生了向古典时期疯癫经验的转变,固定的疯人院取代了流动的愚人船,医院的禁闭取代了航行。体现在文学艺术作品中,文艺复兴时期的"愚人船"被"疯人院"的题材代替,疯癫诸相登上舞台:狂躁症、忧郁症、酒癫、失忆症……所以第二章标题就是"大禁闭",疯子被关进精神病院,社会现实中和舞台上,疯子都不再被看见。

第二章　大禁闭

古典时期的疯癫在福柯此书中占据重要位置,此书共9章,2—7章都是剖析梳理古典时期。福柯习惯于以某个具体事件为切入点展开历史分析,他选择了1656年法国收容所的成立作为古典时期大禁闭的开端,以1794年皮内尔疗养院内疯子被解除镣铐即疯子解放为结束。

按照福柯的观点,笛卡尔《沉思录》中对于疯癫的分析,使得疯癫被置于理性的对立面,理性排除了疯癫而确立了自身的地位,印证着"囚禁自己的邻居以证明自己神志健全"的道理。在笛卡尔如何对待疯癫问题上,德里达给出了不同解读,福柯也给出了回应。

文艺复兴时期是疯癫的高光时刻,疯癫得以在戏剧舞台上、画家的画布上、诗人的吟咏和学者的著述中展现,疯言疯语甚至被视为真理之音。

进入古典时期,疯癫这一短暂却辉煌的亮相已成过去,大型禁闭所取代了愚人船。疯癫在古典时期被迫沉默,开始了被禁闭、遗弃、污名化的历史。现代时期精神病院的诞生,更是延续了古典时期禁闭传统,以精神病学之名行白色恐怖之实。

17世纪中期的欧洲出现了大规模的禁闭所,不仅巴黎曾有百分之一的人被关禁闭,而且更为可怕的是,人们在意识中认可这种禁闭机制。在《规训与惩罚》一书中,福柯把监狱体制最终形成的日期定在1840年1月22日这天,这天少年管教所的一个孩子在临终前对于规训机构满怀眷恋。在《疯癫与文明》中福柯将1656年巴黎总医院成立作为标志性年份即大禁闭的开端。巴黎总医院将若干早已存在的机构置于同一管理之下,它不是针对"病人"开设,也不只是针对"疯子"开设,而是针对"巴黎穷人"开设,而不管这些人的性别、年龄、健康状况如何,唯一的确认标准是"穷人"。可见,巴黎总医院成立之初就担负起了城市治理的功能,而不是医院的职能,它对于穷人行使全权,"包括命令、管理、商业、治安、司法和惩治的权力"(第41页)。

仅从上述描述来看,或许得出乐观的结论,比如标志着城市治理的进步或者是现代人道主义精神的确立,毕竟社会开始运用人力物力管理"穷人"而没有放任他们自生自灭。但是此书进而告诉读者,巴黎总医院成立的目的并非是对于穷人的人道主义爱护,而是体现了一种压迫性秩序。巴黎总医院有着可疑身份,它有医院之名却不是医疗机构,它介于政府、法院之间,是一个社会治安手段。"总之总医院是国王在警察和法院之间、在法律的边缘建立的一种奇特权力,是第三种压迫秩序。……就其功能或目标而言,总医院与医疗毫无关系。它是该时期法国正在形成的君主制和资产阶级联合的秩序的一个实例。它与王权有直接联系。正是王权将它完全置于市政权力之下。"(第 42 页)巴黎总医院的行政长官也是由高等法院院长、巴黎大主教等人担任。法国当代哲学家朗西埃对于"政治"与"治安"的区分可做参考。

巴黎总医院这一治理模式很快扩展到全国,1676 年法国国王下令全国每个城市都要设置这样的医院,于是法国各地都开设了类似的总医院。在这场运动中,各地教会也创建了与总医院极其相似的组织,命名为"慈善院"。君主制政府和教会既竞争又勾结。

不仅法国设立禁闭机构,德国也在 17 世纪设立了禁闭所,而英国的禁闭指令施行得更早,英国早在 1575 年就出台了"惩治流浪汉和救济穷人"的法令,规定每个郡至少建立一所教养院。英国的教养院向着"劳动院"而非"感化院"和医院方向发展,1697 年布里斯托尔的几个教区成立了英国第一所劳动院。因而,"经过若干年的时间,一个完整的网络遍布了欧洲。"(第45页)此时疯子并没有被从社会的底层中区分开来,依然混杂在上述人群之中,与他们一起被关禁闭。

那么区分并关禁闭的依据是什么呢?

这和禁闭所的功能有关。以福柯列举的"巴黎总医院"为例,它开始创立的初衷就是应对"行乞和游手好闲"之人,是强迫他们进行劳动。可以看出,疯子和上述被关禁闭之人的共同之处在于,他们都是不事劳作之人,所以被作为社会的寄生虫看待。相应地,惩戒方式是强迫劳动。

这种遍及欧洲的劳动院意图何在? 到底是经济剥削为目的,还是由于他们是社会的危险因素? 18世纪末英国慈善家霍华德在欧洲各地进行了调查,可以解答读者的疑惑。他的目光所及,违法犯罪的人、流浪汉、精神病人被不加区分地囚禁在一起。很明显这些人并未被人道对待,他们代替了麻风病人成为被社会排斥的人,原因在于"治安"的考虑,即政府要在城市中消灭乞丐。

因而禁闭现象背后是政府的社会治理。"禁闭这种大规模的、贯穿17世纪欧洲的现象,是一种'治安'手段。……使禁闭成为必要的是一种绝对的劳动要求。"(第46—47页)。社会对于劳动的要求,潜台词是对于社会寄生虫的污名化,也是担心他们的贫穷会带来犯罪。在巴黎总医院创立(1656年)之前的一百多年间,早已开始了对于底层民众的治理。比如1532年巴黎高等法院就搜捕乞丐,强令他们在城市下水道劳作;1534年强制驱逐城市贫民;1606年最高法院法令规定,将乞丐胳膊上打上烙印、剪去头发驱离;1607年的法令甚至规定,各城关设立弓箭手队伍,防止贫民入城。

巴黎总医院的创建意味着一种转变,对于城市贫民的驱离转变为关入禁闭所。国家承担起监管他们的任务,他们付出的代价是失去行乞的自由,必须无条件地接受监管。无论成年人还是老弱病残孕,乞丐们无一例外被收容。

从其社会背景来看,大禁闭的直接原因是应对当时波及整个西方世界的经济危机。经济危机造成贫穷、失业及随之而来的行乞、偷窃行为给城市治理以很大困扰。比如,1630年英国国王设立的委员会就负责"贫民法"的实施,不是为了解决贫民的生活无着,而是要消除他们对于社会的潜在危害,将他们作为社会寄生虫而投入教养院。所以总医院的设立也有经济意义的考虑。它不仅是关禁闭,关禁闭需要政府源源不断的开支,总医院还会提供工作给贫民,因此总医院的设立意图得以明确。"在就业充分和工资高涨时期,它提供了廉价劳动力;在失业严重时期，它收容了游手好闲者，发挥了防范骚乱和起义的社会保护作用。"(第50页)这是古典时期对于禁闭从经济和道德角度的双重考量。

然而结果表明，从经济价值角度，禁闭所的创立是失败之举。于是19世纪初，作为穷人收容中心和穷人监狱的总医院在欧洲普遍消失了。但是作为一个工业化初期的社会实验，依然具有不可代替的现实意义，即劳动伦理意识的出现：由于劳动被认定为内在于世界的秩序中，劳动具有道德价值，而游手好闲是恶劣的行为。由于游手好闲被认为是道德劣行，所以即使劳动不能带来利益或利润，也要强迫懒散之人进行劳动。其实游手好闲之人和穷人(贫民)是不同概念，书中没有加以细分。书中指的应该不是游手好闲的富人(有显赫的家世，或者有一定财富，其游手好闲或许被美化为闲情逸致，是被社会默许的权利)。被关禁闭的游手好闲之人只能是穷人，他们会被城市管理者视为要解决的麻烦。

福柯分析到此处，提供了另外一条思路，这是社会的排斥机制在运转，被排斥的群体先是麻风病人，再是游手好闲的城市贫民，到了19世纪，疯子取代城市贫民成为新的被排斥对象，于是收容院被精神病院取代。疯子身份经历了认知上的几次变化，或曰被话语建构为不同形象：文艺复兴时期被归于天马行空的想象能力，古典时期被归于游手好闲之列,19世纪之后被认为是精神病人。古典时期也认识到了疯子与一般贫民的不同,即疯子没有劳动能力,所以疯子理应被区别对待。如果是贫民由于懒惰而不事劳作是道德污点,那么并不具备劳动能力的疯子则可以免除道德责难。

古典时期的总医院还是一个道德机构,担负着惩戒的职能。总医院的设立是一个重要现象、一个根本转折点,它意味着人类第一次发明了一个强制性场所,使用行政措施进行道德训诫。总医院及其类似机构(教养院、慈善院、劳动院)是体现了宗教原则的治安秩序,是宗教和政府机构携手治理的范例,也是现代监狱的雏形。

此类禁闭机制是17世纪的发明,有着融合的特点。它既是一种经济手段,也是一种社会防范措施,同时具有道德规训功能。在大禁闭背景上,疯癫迥异于文艺复兴时期被建构的面相。疯子被与贫民、失业者、流浪汉等归于一类,疯癫被定位为缺乏工作能力、不能融合于社会,因此疯癫就被划归为城市治理的领域。18世纪的古典时期,人们发现必须为疯子提供一种特殊制度,因为疯子不是由于懒惰而是根本不具备劳动能力,这样疯子就必须从游手好闲的社会寄生虫中再次区分出来。疯子不仅被从中世纪的想象王国中剥离,也被从游手好闲的人们中区分出来,被作为无劳动能力的一类而单独囚禁,体现出社会治理水平的提高。

古典时期,疯癫被如此从文明社会驱离,"禁闭是17世纪创造的一种制度……在非理性的历史上,它标志着一个决定性时刻:此时人们从贫困、没有工作能力、没有与群体融合的能力的社会角度来感知疯癫;此时,疯癫开始被列为城市的问题。"(第61页)疯癫被驱离、囚禁、消音、遗忘。疯子们不再活跃于舞台。19世纪初,这种禁闭所消失,取而代之的是精神病院。

总之,古典时代对于疯子的处置、对于疯癫的认知与之前的文艺复兴时期、之后的现代时期产生断裂。这里可以看到,福柯擅长的考古学方法的运用,关注的是历史中的断裂而非连续,因为连续的历史往往是历史学家一厢情愿的虚构和粉饰。

在对疯子这类人以及疯癫这一现象的研究中,福柯究竟要从中挖掘何种真相、指控何种罪恶呢?

第三章 疯人

从17世纪中期到18世纪末是理性主导的古典时代,欧洲社会实行着禁闭政策。被关禁闭者包括失德者、败家子、不肖子孙、亵渎神明者、随心所欲之人以及自由思想者,他们有着共同的名号"非理性的人"。除此之外,还有一类被关禁闭的是疯子。在巴黎总医院,疯子约占被禁闭者总人数的十分之一,这些被关禁闭者到底是病人、罪犯、疯子还是其他,并未被严格加以区分。即便如此,疯子在禁闭场所还是有其特殊定位,被给予特殊对待。

文艺复兴时期并未禁止疯子出现于公众场合,对于罪犯的审判、判决、处置也都会公开进行。进入古典时期这一观念有所改变,即认为罪恶具有传染力,公开示众只能带来恶劣的效仿,只有彻底封闭、使人遗忘才能中止它们。古典时期的大禁闭也与道德意识相关。在《古典时代疯狂史》中可以看到更详尽的描述,不仅禁闭与道德意识相关,而且"疯子"身份的确认也与道德意识相关,比如一个认为"婚姻是一种试验"而出轨的女性被认为是"疯子"。可见古典时代对于疯子、罪犯、失德者等身份的区分并不严格。

另外,古典时期的禁闭也是一个家庭保持尊严的方式,家人为疯子的存在感到耻辱,认为应该密藏。"古典时代因这种非人性存在而感到耻辱,而这种感情是文艺复兴时期所没有的。"(第66页)正如《简·爱》中的疯女人伯莎就被关在阁楼上而不为人知。隔离疯子,不仅是家庭行为,更是整个社会层面的排斥行为。

有一种截然相反的现象是对疯子的展览。展示疯子是欧洲从中世纪延续下来的一个古老习俗,德国、法国、英国都有展示疯子的记载,在德国观看塔楼里的疯子成为城关一景,在英国去医院参观疯子是人们的周末娱乐项目之一,也给管理方带来不菲收入。对于现代文明而言,以疯子取乐是非常残忍和冷酷的行为。当时社会也有这种道德上的顾虑,所以18世纪末有所改善的是,让暂时处于意识清醒阶段的疯子展览发作中的疯子,管理方以此逃避了道德上的自我谴责。"在这里,疯癫打破了收容所的沉寂而成为一种表演,从而变成一种娱乐公众的公开丑闻。"(67页)疯子像马戏团的猴子一样,在管理员的皮鞭下表演舞蹈和杂技,公众对他们则是"嘲笑和侮辱"。然而,对谁而言意味着丑闻呢?卡夫卡《诉讼》中主人公被像一条狗一样杀死前,他想的是"耻辱将比他活得更长久",可是对谁而言是耻辱呢?回到疯癫,无论对于疯子还是看客而言,展览疯子都不是丑闻。或许暂时清醒的疯子会感受到残忍,但是他很快将再次沉入疯癫,疯癫状态保护他得以苟活于世。只有有道德感的人,才会认为这是丑闻和耻辱。

直到19世纪初,疯子还是公众娱乐的对象,19世纪之后则被界定为病人。相比其他被禁闭者,疯子被如此区别对待:被公开展览、被强令表演、被侮辱嘲笑。疯癫不再被视为理性的另一面,不再被视为每个人都有的内心深度，而是被视为外在于人类的兽性。

所以，古典时期的疯子要么是被囚禁而不被看见，要么是作为非人的动物而被观看。"在18世纪有组织地展览疯癫与文艺复兴时期自由地显示疯癫之间毫无共同之处。在文艺复兴时期，疯癫无所不在，透过它的形象或它的威胁与各种经验混合在一起。在古典时期，疯癫被隔着栅栏展示。……疯癫变成某种供观看的东西，不再是人自身包含的怪物。"(第68页)所以，对于两个时代而言，疯癫的意义出现了认知偏离，即疯癫在文艺复兴时期被认为呈现了人性的深度，在古典时期则被认为是人性的极限状态。

古典时期疯子具有野兽形象，而收容院具有囚笼形象。古典时期疯子被认为基本丧失了人性只余兽性。既然不被看作人那么也就不是现代精神病学意义上的"病人"，社会也就不会给予治疗。奇诡的是，疯子确实具有野兽一般忍受饥寒的奇异能力。"当疯癫发展到野兽般的狂暴时，它能使人免受疾病的伤害。它赋予人某种免疫力，就像大自然预先赋予野兽某种免疫力一样。奇怪的是，疯人的理智紊乱使之回归兽性，但因此而受到大自然的直接恩惠。"(第72页)由于疯子难以置信的痛苦承受力，他们很少成为人道救助的对象。更重要的原因是，由于被视为野兽，疯子只能被驯化和驾驭，目的不是使疯子恢复人性，而是使其作为野兽而被控制。

古典时期，疯癫本来与其他非理性形态未加严格区分，疯子被与各类人员混杂在一起囚禁。但是与其他人员不同的是，疯子们被允许观看嘲弄。在其他非理性的人被迫沉默之际，只有疯子们被展示给观众。此时疑问就出来了：疯癫能够告诉观众什么？或曰，观众从疯癫感知到了什么？这个问题也可以转换为：为何其他非理性的人的存在被视为丑闻而封锁消息，只有疯子被允许观看甚至强制表演？一个是封锁丑闻一个是营造丑闻，原因何在？仅仅是取悦观众的心理吗？以美学中"喜剧性"范畴为例，隶属于古典时代的霍布斯的解读可见一斑，他认为"笑"就是一种恶意，是发现了对方智力和外貌的弱点而体会到的内心优越感。按此逻辑，罪犯、游手好闲者等不是智商和外表的可笑，所以无法成为取笑的对象。抑或，仅仅是禁闭机构盈利的需要吗？如果说是盈利的需要，那么并非只有疯子才好操纵，罪犯和流浪汉为了活命更没有抗拒表演的可能性，甚至将更努力表演。那么原因到底是什么呢？

首先，书中告知读者，观看疯子在人类历史上有其传统。历史上的耶稣曾被世人视为愚昧和疯癫而遭羞辱，基督教文化则提供了另一种解读，即尘世间的人们并不理解十字架上的真理。对于疯癫与真理关系的认识在文艺复兴时期得以延续。古典时期却再次发生颠倒,疯癫不再被赋予文艺复兴时期"真理"的意义,疯癫再次被视为丑闻而非真理。

然而,在人类思想史上,帕斯卡尔、陀思妥耶夫斯基、尼采这类伟大的非理性主义哲学家都在捍卫疯癫的价值、对抗理性霸权。

西方文化在论及人类本性的时候,往往将人与动物关联起来,这一思路有着悠久的传统。福柯指出,"人是理性的动物"在亚里士多德那里的确切含义或许无从知晓,却是西方文化延续下来的一个尺度,说明了理性与非理性的纠缠、理性于非理性中的艰难挣脱。理性被认为是自然的肯定方面,兽性被建构为反自然的力量、一种威胁着秩序的消极因素。福柯说:"从哲学变成了人类学的时候起……'理性动物'的说法已经完全改变了其含义。它所暗示的作为全部理性根源的非理性完全消失了。"(第74页)福柯博士论文的副论文即是康德的《实用人类学》翻译及研究。人类被建构为理性的形象,理性与兽性(非理性)的关联被解除。古典时期,十字架上的疯癫这一伟大主题退隐不见,即使残存,意义也已颠倒。文艺复兴时期的认识中,理性可以和非理性逆转(理性可以是疯癫,疯癫反而是理性),古典时期这一思想消失。古典时期对待疯子的态度,说明已将兽性从人性剥离,"理性的动物"于是只剩下理性,然而这只是自诩的理性而已。

古典时期意味着区分了疯癫与其他非理性形态,而它们曾经被不加区别地混同。

福柯此处用了几段文字来说明不同时期对于耶稣基督的看法。文艺复兴时期,耶稣十字架上的经验被认为是疯癫,并肯定疯癫的正面意义,确认疯癫为理性不可分割的方面。这一思路在帕斯卡尔等思想家那里得以保留。古典时期的态度是,耶稣的行为其实不是疯癫而是真正的智慧,只是观众并不能够理解而已,其实是否定了疯癫的意义。直到两个世纪之后的陀思妥耶夫斯基和尼采等思想家,才使耶稣的疯癫重获荣耀,使得非理性再次被接受。卡夫卡小说《饥饿艺术家》或许可以提供疯癫的佐证,艺术家为道成肉身的疯癫提供了一个很好的参照,表面上是疯子与正常人的对立,实际上是疯子艺术家代表的真理与庸众代表的兽性的对立,正常与反常被颠倒,正如十字架上的耶稣被恶毒戏弄,笼子中的艺术家也被视为笑柄。

回到古典时期。当时为何展览疯子?为何将疯子作为公开丑闻?

书中潜在逻辑是:耶稣在人生中推崇疯癫,将之奉为神圣,愿意接纳一切疯子和魔鬼附身者;耶稣不仅心甘情愿被疯子环绕,而且有意使自己泯然于疯子,经历人间最悲惨的遭遇,目的是低到尘埃,并在尘埃中变为圣洁;耶稣最终目的是颂扬上帝拯救的神奇,即使如此不堪的人,也被怜悯与施救;耶稣背负一切苦难,疯癫曾经是耶稣所受磨难形式之一,那么在其他疯子身上发生着的疯癫,也应成为悲悯的对象,因为它是人性的极限而非兽性。

古典时期依然在传递着一种信息:正如耶稣之死使死亡变得圣洁,作为人性极限的疯癫也因而变得圣洁,一切都可以得到拯救。所以当其他形式的非理性被作为丑闻掩盖时,只有疯癫被允许公开展示。即使观众并不能感受其神圣,然而古典时期传递的确实是这种企图。疯子的演出,既渲染着人性野兽的狂怒,又承载着一种教训:宽恕与拯救。

第四章　激情与谵妄

对于古典时期而言,疯癫与激情有着密切关联,疯癫意味着危险。

疯癫之所以被认为危险,是因为它受激情驱使,而激情不仅可能产生不道德行为,更可能产生一系列致命后果。古典时期将激情视为疯癫的主因,将激情视为肉体和灵魂的聚合点。可以细分为以下几种理论:体液医学理论认为激情刺激体液运动并使之增多;元气医学理论认为激情引发类似物理机械运动的身体元气运动;固体和流体医学理论认为激情处于灵与肉彼此纠缠的区域,激情不是疯癫的主因而是疯癫的基础。

如果说前两种理论倾向于认为是激情引起身体反应,那么就第三种理论而言,激情被描述为灵与肉的共同状态。"激情在一种新的更深刻的层次上标志着灵与肉具有一种持久的隐喻关系。在这种关系中,无须交流其性质,因为二者的性质是共同的。"(第84页)更重要的是,在这个层次上激情不再被理解为疯癫的原因之一,而是被理解为疯癫的基础。顺理成章地,疯癫也就既非单纯的身体疾病亦非单纯的心理疾病,而是身体和灵魂的双重疾病。

现代精神病学产生之前的许多个世纪里,激情和疯癫被认为有着密切关联。不同于希腊—拉丁传统将疯癫视为激情的恶果,古典时期颠倒了这种逻辑关联,甚至将激情作为疯癫的基础;激情固然作为疯癫的基础,但是疯癫转而反对,甚至摧毁这个灵与肉的激情统一体。即是说,激情既向肉体又向灵魂扩散的过程中,疯癫产生;就像绷得过紧失去弹性的弹簧,疯癫又可能导致激情的中止、灵与肉统一体的解体。

这里出现了一个判断标准:理性与否。"有理性的人"被认为可以区分想象的真伪,而"疯子"则屈服于心象。比如,每个人都会梦见一些荒诞不经的情节,只有疯子才会信以为真。然而,在貌似不合逻辑的推论中,也可以发现疯子特有的逻辑、隐蔽的语言系统,只是这些并不符合通常的逻辑而已。

其实可以看到,现实生活中"正常人"与"疯子"或曰"精神病人"的思维方式并非界限分明、水火不容。比如有些经受了情感背叛的女人会得出结论"男人没有一个好东西",她们的逻辑就与书中疯子的逻辑如出一辙,即:"这个人背叛了我;这是一个男人;所有的男人都不可信。"现实生活中,这样的逻辑司空见惯、习以为常,这样逻辑的女人也可能由"正常人"变为众人眼中的"疯女人"。福柯在此提醒我们,"正常"与"反常"并非界限分明,而是有着模糊地带,太多人反复游走在这一模糊地带,因此"正常人"与"疯子"也并非水火不容的两类人。可以说,二者互为镜像,他们曾经相互凝视、相互探寻,现代社会却被割裂为互不相关的两类人。福柯为疯癫辩护的理由是,可以发现疯言疯语中潜含着的逻辑,"疯子"确实可以说出文明社会的野蛮真相,正如"疯女人"确实说出了男权社会里被规训、被剥削、被侮辱的真相。

因此疯癫并非完全囿于心象,而是存在于心象与逻辑推理之间的关联中。比如,书中举例,一个父亲带儿子洗澡时,儿子不幸溺亡。心怀内疚的父亲有了心魔,他宣称上帝派了一个魔鬼来诱惑他杀了儿子。这位父亲的疯癫便是想象、宗教信念与推理交互作用的产物。

按照学者默布罗克的分析,该例疯癫有两个层次,显而易见的层次是这位父亲的忧郁症,在这个层次上"正常人"没有与之沟通的必要;第二个层次则有着严谨的结构、严密的推理、活跃的理性,甚至可以称得上真理的东西。这个层次上的疯癫值得"正常人"郑重对待。古典时期未被严肃对待的疯癫,在现代精神病学得到重视,然而现代精神病学重视的是疾病而非内在逻辑,遑论真理。以希区柯克执导的电影《爱德华大夫》为例,爱德华大夫就深受罪恶感困扰,符合上述疯癫的两个层次,他不仅有躯体症状,而且其思路有严谨的结构、活跃的理性。当然,电影的意图是精神分析过程以及精神病人的康复,属于现代精神病学,而不在分析疯癫的第二个层次。

书中的结论是,谵妄语言是古典时期疯癫的终极真相。

具体而言:

1. 古典时期,疯癫被区分为两种谵妄。一种是指某些精神疾病特有的症状,它构成疯癫表征的一个组成部分。

2. 另一种谵妄相比之下更为重要,它不是表面的症状,而是隐蔽的根源,这种隐蔽的谵妄体现于心智的一切变动之中。

3. 显然,谵妄不仅是外在行为,而且表现为语言的异常。"不难理解,话语涵盖了整个疯癫领域。"(第94页)在身体症状和古怪行为之外,是更重要的谵妄话语的存在。

4. 疯癫言辞的重要性在于,"语言是疯癫最初的和最终的结构,是疯癫的构成形式。疯癫借以明确表达自身性质的所有演变都基于语言。"(第95页)它涵盖了灵与肉的整体。

关于为何疯言疯语被认为是谵妄甚至是疯癫的真相,古典时期并未给出明确的说明。福柯则试图从"梦和妄想"的视角加以探讨。关于梦,文艺复兴时期将疯癫类比为梦,认为二者具有相同的根源和相同的真实价值,甚至有观点认为忧郁症病人能够说出无人知晓的语言,能够预知未来,做梦者也是如此。

17世纪末的古典时期依然将梦与疯癫相类比,只不过改变了思路。做梦和疯癫被认为具有相同的性质,它们的引发机制相同,都是元气作用的结果。当元气产生的雾气上升到头部,由于雾气混乱无序,不能在大脑中形成心象,这一阶段的梦境对应的是躁狂症。随着雾气澄清,元气运动变为有序,奇异梦境产生,对应的是痴呆。最后,随着雾气消散,睡眠者更清晰地看到一些事物,包括现实中的回忆与对未来的预感,对应忧郁症病人的情况。福柯在此引述的是古典时期学者的观点,并非是他自己的创见。正如《词与物》中考古学方法的运用,此处他也是列举不同时期对于同一事物的"话语建构"的差异,而非此事物真正的"本质"。他不仅做着外科手术一般客观中立的考古学分析,而且有自己的立场,比如对于古典时期和现代时期疯癫观念的批判,对于文艺复兴时期将疯癫与真理相关联思路的推崇。

古典时期是理性主导的时代,对于疯癫的界定也是基于理性与否,《百科全书》给出的经典定义是偏离理性或丧失了理性却又自认为理性。学者克里奇顿从人与真理的关系角度列出了疯癫的序列:谵妄、幻觉和痴呆。法国18世纪《百科全书》则从真理本身来分析疯癫,区分了"自然真理"与"道德真理":"自然真理"指人的感觉与自然对象的准确契合,不能契合则是疯癫,包括了错觉、幻觉和各种感知紊乱;"道德真理"则是性格、行为和感情方面的疯癫。

盲目是古典时期最接近疯癫的概念,它指的是犹如睡眠的昏蒙状态,这种状态下产生出各类混乱心象,也产生出各种非理性的话语。疯癫处于梦幻和谬误的交界地带,既有作为谬误的非真理性,也有梦幻的心象和幻觉。古典时期的疯癫经验呈现为一种悖论:一方面,疯癫作为非理性无法使用理性的语言表现自己,另一方面疯癫又呈现为拥有自身逻辑的语言。而探讨疯癫语言就成为文明社会的任务,即追寻非理性中的理性。这必须以动摇理性和非理性的传统区分为逻辑前提。"简言之,虽然疯癫是无理性,但是对疯癫的理性把握永远是可能的和必要的。"(第101页)此句可以回应德里达1963年演讲中的质疑,即理性是否可以把握非理性。可以说,福柯延续了文艺复兴时期对待疯癫的态度,即他试图理解疯癫话语非理性中的理性、非逻辑中的逻辑、非真理中的真理。

因而,福柯试图说明,古典时期的非理性不是"理性的扭曲、丧失或错乱",他将之称为"理性的眩惑",下文也有"眩惑的理性"的说法。他把眩惑比作核心部分的黑暗,眩惑看到的是虚无,理性则能够辨识真理。此处福柯再次提到笛卡尔的怀疑法则,认为笛卡尔把理性作为驱除疯癫的符咒,以及认识世界本质的前提。但是福柯指出,笛卡尔的理性主义精神体现在古典主义悲剧中,就是从悲剧中驱除了疯癫,悲剧主人公不再是疯子。

福柯以文艺复兴时期为例,说明文艺复兴时期整体性的宇宙观在古典时期却被视为对立。体现在哲学中,就是二元对立的思维方式取代统一整体的思维方式。古典时期确立了泾渭分明的秩序,它排斥对立中的统一,割裂了二者的相互依存,确立了真理与谬误、存在与虚无的对立而非统一。如果联系到后现代哲学对于二元对立思维方式的解构,可以更加清晰地看到此处福柯对于古典时期哲学的批判,即批判理性试图认识一切的企图。体现到社会层面,既然认为疯癫是虚无,那么大禁闭的目的是要消灭虚无。

笛卡尔是古典主义哲学代表,他强调了理性,抛弃了非理性。古典主义的法则是确立了一系列对立,比如清醒与梦幻、真理与虚妄、光明与黑暗,强调其对立而忽略了其统一。体现在古典时期的悲剧中,悲剧主人公能够揭示事情的真相、黑夜的秘密,但是悲剧主人公不是疯子,与文艺复兴时期疯子主人公形成对比。古典时期的悲剧中没有疯子的位置,听不到疯子的声音,疯癫并不被赋予尼采和阿尔托以来的悲剧价值。因而,古典时期的悲剧主人公与疯子绝无对话可能,疯子话语被认为是无意义的自言自语。

拉辛悲剧是古典时期悲剧的一个例外。拉辛悲剧中,黑夜得以被光亮侵扰(战争之火、欲望之梦),而这光亮是白昼的映射。黑夜是欲望之夜、犯罪之夜、复仇之夜、战争之夜,相比之下,白昼的秩序、仁爱、和平全都成为不堪一击的谎言、岁月静好的伪饰。所以,黑夜具有揭示作用,而疯癫再次说出真理。古典时期疯癫并未被彻底驱逐,疯子并未消失得无影无踪,在拉辛伟大的古典主义悲剧《安德洛玛克》的最后一幕,疯子得以出现在舞台,做了最后的告别,给予疯癫一个最后的造型。那是奥瑞斯特斯在疯癫中度过了三重黑夜,即经历了三次"眩惑"。

此书每章基于历史史料的罗列,最后几页都是理论提炼,可以看出福柯高屋建瓴的宏观建构能力。

第五章　疯癫诸相

福柯开篇申明,此章并非宏观探讨精神病学各种观念的演变史,仅仅是聚焦于17—18世纪疯癫观念的演变。具体而言,他探讨了古典时期以下几种疯癫观念:躁狂症和忧郁症、歇斯底里和疑病症。作为考古学家和谱系学家,福柯重视"疯癫"观念的话语建构性质,而非探讨其普遍"本质"。

(一) 躁狂症和忧郁症

关于忧郁症,16世纪是从两个方面加以界定,一是症状,二是一种说明性原则。

关于忧郁症的症状,忧郁症患者有各种各样的自我想象:有的自认为是野兽,有的自认为是玻璃器皿,有的害怕死亡,有的自认为犯下罪行。某种程度的谵妄以及黑胆汁(忧郁汁)过多在16世纪被并列解释忧郁症。相比之下,18世纪则把忧郁汁作为谵妄的原因:"这种胆汁的阴冷黯淡的性质成为谵妄的主要特点,成为其有别于躁狂症、痴呆和狂乱的实证价值。"(第114页)学者们普遍注意到忧郁症患者安静、淡漠、喜欢独处的特点,甚至较其他类型的精神病人更为聪敏。

17世纪初以前,关于忧郁症的理解局限于体液理论。

17世纪中叶,学界展开了关于忧郁症起因的讨论,即:忧郁汁是否忧郁症的前提?忧郁汁的特点又是什么?争论的结果如下:

1.忧郁汁是忧郁症的原因。忧郁汁的阴冷抑制身体的元气;忧郁汁的干燥性使精神富有想象;其晦暗性使精神变得阴沉。2.除了忧郁汁性质力学的原因外,还有一种动力学的解释,即阴冷干燥的忧郁汁所隐含的力量可能引发忧郁症。3.性质内部的冲突。某种性质会在发展过程中转变为对立面,比如体液由于愤怒而沸腾、耗尽,然后转变为阴冷的忧郁症。这并非体液自身的冲突,而是随着体液由充盈到耗尽,精神的相应表现。4.体液性质会因偶然事件、环境和生活条件而改变。一个人的体液并非固定不变,而是随着一些因素比如生活方式的变化而变化,所以一个人并非始终囿于忧郁汁过多导致的忧郁症。

17—18世纪的古典时期对于躁狂症的解释遵循着同样的一致性原则。学者威利斯将躁狂症、忧郁症对照着解释,认为二者具体症状有差异,实质则相同,都是"动物元气的运动"所致的大脑认知失调、想象与事实的脱节。具体到躁狂症,是患者的元气运动太过暴烈对于大脑产生影响,于是患者出现行为激烈、言语夸张的症状。这种对于躁狂症的解释到了18世纪被抛弃,即"动物元气"意象被"张力意象"代替。"张力意象具有更严格的物理意义,也更具有象征价值。躁狂症就是这样一种导致突然发作的神经紧张状态。"(第121页)即躁狂症被理解为神经纤维传导上的缺陷,神经纤维如同乐器一般忠实于神经紧张的感觉。

具体到躁狂症的症状,18世纪的解释包括了"神经僵直""体液耗尽""机体干热"以及解剖学角度的"大脑干硬松脆、重量较轻"。躁狂症患者的奇特耐寒能力也证实了机体干热的事实,于是相应的治疗方案出现:将患者浸入冰水的做法被广泛运用,疯子也因而得以治愈。

总之,17—18世纪对于躁狂症和忧郁症不仅进行了外在特征描述,也包含了对其心理角度的分析,两种疾病各自拥有自身的类型和结构。更重要的是,学者威利斯发现了两种疾病的并行不悖和相互转化,被认为是"躁狂症-忧郁症交变现象"的发现者。经验论者会经常发现两种疾病的互相转变,而威利斯是从动物元气运动中寻找两种疾病相互转换的依据,即忧郁症中元气集聚过多时会导致躁狂症状,躁狂症元气沸腾、消耗之后会导向忧郁症状,因此二者有着亲和关系。无论是忧郁症隐而不发的烟,还是躁狂症熊熊燃烧的火,内在涌动着的是同一种元气。

(二)歇斯底里和疑病症

关于这两种疾病,福柯首先抛出了两个问题:多大程度上可以视它们为精神疾病?是否有依据表明,二者像躁狂症和忧郁症那样是对偶关系?

福柯指出:在古典时期,歇斯底里和疑病症并未被列入精神疾病,而是被从生理机能角度理解;它们也并未被理解为一组对偶概念。比如,学者卡伦未把它们列入精神疾病范畴,而是从体力衰竭、生理机能失灵角度解释,而且两种疾病很少被列为一组,甚至很少被列为一对,即并不被视为密切关联的概念。

然而,一种新的现象出现了,歇斯底里和疑病症逐渐被视为同一种疾病的两种形式,即开始被纳入精神疾病领域。古典时期对于两种疾病的性质及其关系,有两种思路:一是将两种疾病统一于一个普通概念即"精神病",一是将它们纳入精神疾病领域,与躁狂症和忧郁症相提并论。

古典时期对于两种疾病的理解并不清晰,无法解答两种疾病的性质到底是什么这一问题。歇斯底里经常被认为是内热所致的亢奋状态,但是这更多是一种意象描述而非一种疾病探讨。而且,从体液、元气、运动医学、化学类比、神经系统等角度的解读并不具备确定性,所以确定两种疾病的性质并不容易。

18世纪对于这两个病症的解释突然改变了方向,"肉体空间的动力学被情感空间取而代之"(第137页),疯癫视角的观念开始出现。具体而言,歇斯底里不再被理解为由于元气无序侵袭所致的肉体疾病,而是与道德相关。内在逻辑是这样的:人体除了肉眼可见的各部件的组合,即"外在的人",还有肉眼不可见的内在动物元气,即"内在的人";元气可以渗透到身体各器官,当心灵松懈、元气更容易无序侵袭各器官;这可以解释为何艰苦劳作的女性不易患歇斯底里,而生活闲适、意志薄弱的女性则较易陷入歇斯底里。

道德向度的疯癫得以出现,这一主题转向有三个阶段:关于肌体和道德渗透的动力学;关于肉体连续性的生理学;关于神经敏感性的伦理学(第137页)。

1. 如果肉体空间被想象为一个密实整体,那么无序的元气能够渗透、侵袭这一肉体空间并引发歇斯底里。因此,肉体空间坚实性程度或曰内部密度是疾病的区分原则,决定着是否容易被元气渗透和侵袭。关于"道德渗透",是指如果心灵抵抗力强,肉体空间就不易被渗透;如果心灵松懈,则容易被渗透而出现歇斯底里症状。

2. 无序动物元气侵袭肉体必须以肉体空间连续性为逻辑前提。

学界的解释是,神经纤维起到了重要作用。然而,学界并未夸大神经纤维的决定作用,而是进一步延伸出"交感作用"概念,即"神经疾病本质上是交感的混乱"(第142页),因而"神经疾病是相连肉体的疾病"(第143页),身体各个器官都可能与其他器官产生交感。尤其是女性身体各器官更容易产生交感,所以女性更容易发生歇斯底里现象。

3. 关于神经敏感性的伦理学。

第三种思路将神经疾病理解为神经过敏与神经活跃的结合物。18世纪末的医学将人的气质(应激性)与病变(烦躁、发炎)相关联,认为敏感、脆弱、躁动的人容易产生肉体的交感反应,进而引发神经疾病。因此神经疾病产生了道德意味,病人被认为是意志不够坚强、灵魂过于敏感等导致的情绪过分炽烈的结果,于是被理解为一种神经系统缺陷而致的道德惩罚。说明18世纪末古典时期即将结束之际,已经出现了与古典时期不和谐的声音,即将歇斯底里和疑病症无可置疑地归入精神疾病,赋予疯癫以道德内涵。这种18世纪末的观念已经接近19世纪的现代精神病学,19世纪神经应激症在生理学和病理学中终于占据一席之地。

总之,福柯在第五章并未展现独创性的理论架构,只是梳理出古典时期关于精神疾病的观念演变的历史。在此,可以看到福柯侧重于时代精神之于知识建构的作用,并无知识—权力关系向度的探讨。

第六章　医生与病人

此章首句是:"治疗疯癫的方法在医院里并未推行,因为医院的主要宗旨是隔离或'教养'。"(第149页)首句会给读者带来困惑:不予治疗的医院还能称为医院吗?其实从上文可以知道,古典时期的医院不同于现代医院,它们是国家规训机构,给予病人的只是隔离和教养。古典时期,与医院的不予救治形成反差的是,社会在医院外部有另外的处置方法,即对疯癫的治疗采取了"物理疗法"。

具体而言,有以下几种方法,而且与疯癫被赋予的道德意味相关。

1. 强固法。

当时认为,不仅是安静的忧郁症,即使是强悍的躁狂症,也有内在的虚弱因素。因为神经不够坚强,以至于控制不了元气运动,因此需要寻找一种能使精神或神经纤维保持活力的方法。这种活力不仅指身体健壮,更指意志坚强。

理想方法是从大自然寻找一种力量以扶持精神使其强大,避免其产生躁动或陷于抑郁。当时有几种事物被赋予了此类力量:胶脂、琥珀油、烧焦的皮毛等。其中被认为最有效的方法是运用铁元素:直接服用铁屑或者使用被烧红铁块活化过的水。

2. 清洗法。逻辑前提是认为,疯癫源于生理淤堵和精神不畅,所以应该施以清洗疏通。福柯列举了几种清洗的方法:换血,甚至给病人输入小牛的血;防腐剂的使用;涂抹橄榄油;服用苦药、咖啡,甚至直接服用肥皂和醋。

3. 浸泡法。这种方法有两个向度的逻辑前提,一是作为宗教仪式的受洗,一是生理学意义的浸泡。这两个方面在18世纪形成了一个结合紧密的统一体。因为水是大自然中最简单也是最洁净的液体,也存在于一切生物体内,所以水能够成为"万能的生理调节者"。疯子在水中既能得到身体内外的清洗,又能得到神志的恢复。因此冷水浸泡法是历经古代、中世纪至古典时期绵延不绝的治疗疯子的方法。

18世纪末,人们对于水的看法有所转变,水被认为具有有益和有害两方面功能,于是水的疗愈功能在人们心目中随之下降了。

4.运动调节法。此方法的逻辑前提是,如果疯癫是起因于精神躁动、神经纤维和思想的紊乱,那么疯癫就会引起身体的相应症状,因此需要恢复身心各方面的和谐。有规律、有节制的运动成为首选,具体分为散步、跑步、骑马、旅行等方法。通过这样的方法,疯子就可以慢慢回归现实世界,回归有秩序的日常生活。可以看出,18世纪末现代医学观念尚未建立,医学思想还未将物理疗法和心理疗法加以区分,二者并行不悖但并不相互渗透,但是治疗的方向已经发生变化,不再有疾病统一体观念。

书中指出,"总之,在整个古典时期,有两类并行不悖的医治疯癫的技术系统。一类是基于某种关于品质特性的隐含机制,认为疯癫在本质上是激情……另一类则基于理性自我争辩的话语论述运动,认为疯癫是谬误,是语言和意象的双重虚幻,是谵妄。"(169页)即是说,正如第四章标题"激情与谵妄"表明的,古典时期对于疯癫的认识有两个维度,一为激情,一为谵妄,相对应的治疗方法也是二元的。

第二类医学方法可以归纳为三种基本类型:

1.唤醒法。此方法的逻辑前提是谵妄属于非理性的梦幻,所以只需予以唤醒,唤醒的方式包括物理角度也包括情感角度。比如以烧红的铁钩来威吓病人,比如推荐忧郁症患者钻研数学和化学,对于躁狂症患者则运用严格的管理秩序。

2. 戏剧表演法。表面看来,此方法与唤醒法相反,如果说唤醒法是直接中断患者的谵妄状态,戏剧表演法则按照患者的思维和想象逻辑进行一番表演,进而引导患者走出来。就是说,医生假意顺从患者的谵妄想象、话语和逻辑,并引导这一戏剧落幕。比如,对于自觉罪孽深重、应受惩罚的忧郁症患者,医生引导患者看到"天使"并获得饶恕;对于自认为已死因而拒绝饮食的患者,一群扮演死者的人在快意吃喝并邀请患者加入,患者因此欣然接受;对于一个自认为无头的患者,在其头部安放铅球,使他在重压下体会到头的存在。这种疗法是医学和戏剧的短暂交会。"这种危机以一种双关的方式表现出来,既是医学上的临界显象,又是戏剧中的转折点。"(173页)历史上医学和戏剧的携手可以给今天的读者以深远的启示,即戏剧具有疗愈功能。不仅是精神病患者需要戏剧的疗愈,也包括看似正常的大众。

荣格指出过现代人的精神焦虑状态,主张人们借助艺术"神秘参与"的力量重返心灵家园。阿伦特则从公共领域失落角度论及戏剧功能。阿伦特指出,极权主义制造个体的孤立和孤寂,使得人们无法聚集为有力量的整体去采取行动。她不仅关注到现实世界的恶,也从科技发展的角度分析公共领域失落的原因,指出科技发展造成人与世界疏离以及与他人,甚至与自身的疏离。她认为最完整的人类生活是行动,戏剧舞台是展示行动的最好场所,在此意义上她重视戏剧的启蒙作用。她把悲剧上演的剧场比作公共空间,人物的行动在此展示,行动的意义被观众领略。尤其近几年疫情使得人们疏离,戏剧的意义得以彰显,它使人们共在(being-with)。

3. 返璞归真法。此方法的内在逻辑是,与戏剧表演法相反,"一方面是通过自然来还原,另一方面是还原到自然。"(第176页)通过自然来还原即不予治疗。这一疗法受益于卢梭思想,即回归大自然,在大自然中得以康复。但是这一疗法忽视了卢梭的理想主义,即对"自然人"和"自然感情"的美化,忽视了疯癫的其中一种表现形式——人类最原始欲望的一种野性迸发,意味着兽性意义上的疯癫。在此意义上,把疯癫托付给自然,就等于火上浇油,原始欲望之焰愈燃愈烈,疯癫如何能够疗愈呢?

因此,返璞归真法预设了大自然的道德品质,预设了人类从大自然中恢复纯朴天性的可能性。卢梭预设了"劳动者"和"野人"的区分,前者是安宁、理性、满足的,后者是野性、蒙昧、放纵的,相应地是对乡村的美化。

此种返璞归真疗法可谓无为而治。所以真正有效的自然疗法内含"理智的调解",它导向的是身心健康的劳动者而非完全放纵的野人。马尔库塞的《爱欲与文明》就设想了这样一种可能性,劳动与爱欲的结合,劳动摆脱了压抑和苦役性质,实现了解放。

自然是有规律的,以美学角度看,它是和谐的,从宏大的天体音乐到四季流转、潮涨潮落,都符合形式美的法则,因而能够慰藉甚至平息疯子的心灵躁动。

比如吉尔这一村庄的例子。它从中世纪末期就作为麻风病人的隔离所,麻风病消失之后作为疯子的禁闭所,历来被视为人人避之唯恐不及的肮脏污秽之地。18世纪末它忽然被赋予新的意味和价值,"它却具有田园牧歌的价值,体现了重新发现的非理性和自然的统一。"(第179页)在这里,对于疯子的安排是这样的,五分之四的居民是疯子,这些疯子和另外五分之一的正常居民一样自由自在生活,这里食品健康、空气清新、设施便利,所以"绝大部分疯人一年后就康复了"。潜台词是,病人的焦虑、抑郁、躁狂等症状在大自然中被治愈了。只能说,这是对于疯癫的一种看法而已。

如果这种顺应自然、契合自然的思路能够成立,那么反推一下,食品匮乏、空气浑浊、设施简陋、空间幽闭,会催生疯子?对此,深受福柯思想影响的意大利美学家阿甘本"例外状态"和"赤裸生命"概念提供了深刻启迪。

古典时期,难以区分生理疗法和心理疗法。原因在于,心理学学科尚未诞生。

19世纪心理学学科产生,遗憾的是心理学视疯癫为心理疾病、疯癫中没有真理。弗洛伊德精神分析横空出世,恢复了与非理性对话的可能性,这种非理性体验被心理学学科所忽略。

福柯此章,前面的部分基于严谨的资料,提供的是治疗方法的演变谱系,看不出福柯自己的观点,荒唐事例的列举甚至削弱了书的学术分量。后半部分,才显出福柯高屋建瓴、洞若观火的睿智。

第七章　大恐惧

此章分为密切相关的几个问题,一是拉摩的侄儿惊世骇俗的言论,二是萨德臭名昭著的行为和作品,三是疗养院对于疯子的处置策略。

此章从拉摩的侄儿切入。福柯认为,古典时期笛卡尔从思想中排除了疯癫,即他认为只要正在思考,就不可能是在发疯;我在思考,是无可置疑的逻辑起点;如果这点都要质疑,那么思考就无法进行。笛卡尔从思想中排除了疯癫,然而同属古典时期的文学作品中,拉摩的侄儿知道自己疯了。拉摩的侄儿是18世纪法国百科全书派作家狄德罗的对话体小说《拉摩的侄儿》的主人公,小说是第一人称叙事,作为拉摩的侄儿的对话者的"我"充满焦虑,对话涉及社会、音乐、文学、教育、政治、道德、哲学各个方面。拉摩的侄儿是一个复杂的人物,他在书中是个穷困潦倒的音乐家,崇高又卑鄙、正直又无德的混合体,他到底是骗子、疯子还是病人难以清晰界定。这是古典时期大禁闭以来,疯子首次被作为对话者。这类人物被福柯认为是启蒙思想的另外一面,认为理性和非理性有一种近亲关系、相似关系,"这是一个复制品,理性既从中认出自己又否定自己。"(第186页)因此,18世纪理性主义精神之外出现了一批非理性人物,"他们成为启蒙运动的理性的一面晦暗的镜子和一幅无恶意的漫画。"(第186页)他们使得思想家狄德罗为之驻足,认为"他们打破了我们的教育、我们的社会的惯例、我们的习惯的礼节所导致的令人厌倦的单调。如果他们中的一个出现在聚会中,这便是一粒酵母,它发酵,使每个人都恢复了其一部分自然的特性"。[1] 他们不仅质疑人的理性甚至伟大人物的品德,更无情嘲笑所谓的世界秩序。

其实文学艺术界有很多这种类型的人物,比如浪荡不羁的波德莱尔、王尔德和纪德。笔者认为,这类人物或许是堂吉诃德的同类,属于福柯所言"浪漫的疯癫",他们博学多闻,有人道主义、理想主义精神,梦想改变社会却

---

[1] 狄德罗:《拉摩的侄儿》,陆元昶译,重庆出版社2008年版,第3页。

处处碰壁。这类人物也可能是萨德的同类,肆意享乐而无所顾忌。

18世纪的古典时期推崇理性,哲学领域理性主义哲学占据主流,文学艺术领域新古典主义特点之一就是对于理性的推崇。但是也有不和谐的声音,比如《拉摩的侄儿》中体现出的享乐主义,小说体现出与文艺复兴时期相似的智慧,于疯癫中闪耀锋芒。关于这篇小说有各种理解,笔者倾向于认为狄德罗超越时代局限对于人类理性和世界秩序进行质疑。

接下来上场的是萨德侯爵。如果说拉摩的侄儿还是虚构的人物,那么萨德就是现实中的撒旦,是他这类人物为社会带来了恐惧。

18世纪中期,法国社会开始了新一轮恐惧,恐惧以医学和道德术语流传。就"医学术语"来说,由于古典时期的禁闭所建立在中世纪的麻风病院旧址,对于麻风病院的污名化开始投射到禁闭所,人们谈论着"监狱热病",认为这类病症会污染空气、传播疾病。1780年巴黎恰好流行一种传染病,警察总署派出人员调查的结果是,流行病是伤寒,致病原因是"恶浊的空气"和"恶劣的气候"。就"道德术语"来说,即使排除了麻风病旧址作为发病起因,还是阻止不了谣言的传播。而且医生稍后声明,疾病不仅是由客观存在的恶劣气候引发,此地卫生条件并未糟糕到引发疾病的程度,他暗示说某种邪恶令医生束手无策。

这种邪恶是萨德引领的非理性精神。

萨德侯爵(1740—1814)可谓法国文学史上最臭名昭著的作家。萨德生活在启蒙运动时期,是康德(1724—1804)的同时代人,但是与崇尚理性的时代精神完全背道而驰,他在道德方面是一个寻欢作乐的风流唐璜。他在法律意义上是个罪犯,因为虐待用人、暗中给妓女下药、诱拐女性亲属等令人瞠目的行为而反复入狱,甚至被判处死刑。在文学领域,他以色情作家知名,成名作是《索多玛的一百二十天》,并被改编为电影。当他作为疯子被投入疯人院,他几次三番组织疯子们演戏。

这种精神才是公众真正恐惧的,因为它不似"恶劣的空气"那么容易净化。于是萨德之类人物被作为"道德污染和肉体污染的混合体"而关禁闭。非理性被与疾病相联系,这一疾病又有着道德上的不洁、腐烂意味。"非理性再次出场,但被打上一种想象的疾病烙印,这反而增添了它的恐怖力量。因此,正是在想象的领域而不是在严格的医学思想中,非理性与疾病结合起来,并不断靠近疾病。"(第189页)

18世纪下半叶展开了大改革运动,即清除各种不洁之物和有害气体,防止其污染蔓延。道德污染也是清理的对象,非理性受到完全控制,"道德试图与医学合谋来捍卫自己的梦想"。医院作为禁闭机构,同时设立了道德禁忌。于是对于非理性的畏惧与对古老疾病的恐惧得以混合,医生得以出场。由于被理解为疾病,非理性也就与医学、医生建立起深度连接,于是医院同时是监狱,医生被建构为清除污染的卫士。

然而,越是道德禁忌,越能唤起人的越界冲动。所以在理性主义时代,文学尤其是戏剧领域成为此种非理性主义得以幸存的领域。非理性不仅以医学和道德术语流传,也以文学语言流传;不仅延续了文艺复兴、古典时期的形象,而且出现了新的形象。萨德被关监狱和疯人院的累计时间长达27年多,在此期间他阅读并创作。萨德小说中情欲得以冲破禁区,戈雅画作中疯癫得以极致展现,于是"一个完整的想象画面再次出现了"(第192页)。因此,古典时期理性并未能够消除非理性,非理性以更为放荡、残忍、荒诞的画面出现于文学和绘画中,作为被禁止的形象,它们被"完整无损地从16世纪传到19世纪"(第192页)。

18世纪末,萨德作品中的非理性以施虐狂形象出现,施虐狂(Sadism)即以萨德命名。"它是一种在18世纪末才出现的重大文化现象,并构成西方想象力的一个最重大转变:通过本能欲望的无限放纵,非理性转变为心灵的谵妄、欲望的疯癫,以及爱与死的疯狂对话。"(第193页)于是18世纪末,伴随施虐狂形象的是一些新的意象:要塞、囚室、地窖、修道院、孤岛等。这些是想象中的禁闭之地,也是非理性的天然栖息地。

古典时期是理性主义时期,也是启蒙运动时期,启蒙思想家将人类建构为理性的形象,一些艺术家们则反其道而行之,把人类建构为残忍、冷酷而淫荡的形象。

此章最后,福柯进行了"现代性"角度的思考,即认为18世纪末西方文明产生了决定性区分,非理性意识与疯癫得以分道扬镳。具体而言,非理性意识是荷尔德林和尼采意义的,体现为时间上的不断重现(比如,福柯于注释中举出了精神分析理论的集体无意识概念。按此逻辑,萨德即属于此类,因此萨德体现的非理性不仅是传承自16世纪,还有更古老的心理能量传承),疯癫则与具体"时代、历史和社会"之类因素有关。

就疯癫而言:

1. 疯癫与自由。比如,英国人被认为容易罹患忧郁症,最初归因于气候原因,继而归因于政治和经济角度的解释,比如认为经济富足和思想自由使人无所适从而致疯癫。

2. 疯癫、宗教与时间。宗教被认为是导致疯癫的原因,因为它过于严厉的道德要求、过于强烈的激情会导致躁狂症和忧郁症,对于天使的想象被认为导致谵妄。尤其由于当时社会的"游手好闲"状态即空闲时间太多,人的心灵焦虑不安,感情虚耗而致疯癫。

3. 疯癫、文明与感受力。人类文明细化了分工。书斋生活使人脱离劳动而身体虚弱,陷入抽象思辨而趋向疯癫的可能性加强,所以文明愈发展精神疾患越多。就感受力而言,人们越来越远离大自然中的直接躯体感受,而是在城市生活中晨昏颠倒、感觉紊乱。

通过上述分析,福柯指出18世纪末疯癫不再被与兽性相关联,而是被置于人本身、人与外界环境的关联中来认识,这是人的alienation状态,对此医生理解为精神错乱,而哲学家理解为异化。

第八章 新的划分

此章内容通俗易懂,福柯讲述了18—19世纪关于疯子禁闭观念的转变。

19世纪初,精神病学家、历史学家普遍感到愤怒的是,精神病人居然被和罪犯一起关在牢房里。他们的逻辑是:精神病人是不由自主的、无辜的、不幸的,罪犯却主动实施了犯罪。19世纪的欧洲,学者们大都对此做出呼应,尤其实证主义者们表功说,自己最早把疯子从罪犯中解放出来、把非理性与犯罪区分开来。

其实,早在18世纪初就有此类声音出现,整个18世纪不断出现类似的呼吁,也取得了一定的效果,有少数疯子因此被送去了医院治疗。然而,18世纪要把疯子与犯人隔离的理由与19世纪完全相反,是同情罪犯被疯子折磨。"两个世纪的抗议虽然表面相同,但其价值观并不相同。"(第206页)

福柯关注的是疯癫观念的转变轨迹。他认为不是人道主义观念使然,不是医学进步使然,而是"禁闭本身的深层结构使然",即:"这种意识与其说是一种博爱意识,不如说是一种政治意识。"(第206—207页)

所谓"政治意识",即18世纪某些被禁闭者(自由思想者、放荡者和浪子)不仅被观看、被代言,他们自身就在焦虑、在发声,他们抗议被与疯子关在一起。比如法国大革命领袖之一的米拉波认识到,把不同政见者(反对政权、反对家庭、反对教会的人)放到疯子中间,是社会在禁闭之外的"补充惩罚";疯子被作为社会权力的"最恶劣的消极工具",这是一种非常可耻的统治方式。这种"政治意识"认识到,将自由思想者与疯子关在一起,之所以是最可耻的统治方式,在于正常人无法应对疯子,正常人会被环境逼疯。18世纪有关禁闭的文献确实验证了一个事实,被与疯子关在一起的正常人必然会疯癫,他们由于被疯子虐待、被裹挟进谵妄的世界而精神错乱。

对于米拉波的父亲老米拉波而言,儿子不过是"人民的名义"下的浪荡子弟和流氓无赖。所以老米拉波反对禁闭,认为对于"卖笑的姑娘"和"流氓无赖"都无需禁闭,应该让他们去劳动,而且去从事那些有害的劳动,以示惩戒;这样禁闭所里剩下的将是以下几种人:政治犯、老人、疯子。

作为自由思想者,米拉波不仅抗议将罪犯与疯子关在一起,而且反对将两类"罪犯"混杂在一起——流氓无赖是真正的罪犯,自由思想者则是所谓的罪犯。无论如何,18世纪对于疯癫与禁闭关系的共同理解是:疯子没有理性,只能被关禁闭,不配拥有更好的命运,因此从逻辑上说疯癫与禁闭理应紧密结合。于是18世纪对于疯癫的看法与犯罪相关联,认为二者都是禁闭的对象,疯癫与犯罪因而成为孪生兄弟。"在疯癫与禁闭之间建立起一种很深的关系,几乎是一种本质性的联系。"(第210页)

无论对于社会管理者还是自由思想家而言,疯子都是丧失自主性的人,理应被关禁闭;对于社会管理者而言,自由思想家也是社会动荡的因素,理应被关禁闭。于是出现了奇特的景观:自由思想者米拉波被与作家萨德(当时也被视为疯子)同时被囚禁。更为奇特的是,萨德很快被释,而米拉波继续被囚禁。可见对于管理者而言,自由思想比疯癫的危害更大。但是对于20世纪的法国思想家而言,萨德不是疯子,萨德才是真正的自由思想家,他直接动摇着理性主义。

根本的转折发生于社会和经济危机。贫困不再被视为懒惰所致。贫困变成了经济现象,即穷人被认为构成一个社会金字塔结构的底座,这样社会才能稳定。"贫困成为国家不可或缺的因素。穷人成为国家的基础,造就了国家的荣耀。"(第211页)即18世纪在道德上为穷人正名,认识到穷人作为人口本身就是财富的源泉,是那些拿着低廉的工资、消费极低的穷人支撑起了国家经济。

于是经济学家认识到,禁闭政策之于经济而言是重大失误,逻辑前提是人口是国家的财富。充分的人口资源会提供廉价劳动力,可以在商业竞争中取得优势。而禁闭政策一方面失去部分劳动力,一方面要运用慈善事业来养活这些人,所以禁闭政策伴随着"有害的财政支出"。因此应该使全部有劳动能力的人口重新进入生产领域,以使得国家富强。

立法者此时陷入抉择困境:如何安置疯癫?监狱、医院还是家庭?

18世纪的法国政治家致力于改革,社会改革有三个阶段:

第一阶段:尽可能减少禁闭。被关禁闭的基本上只剩下疯子,一是他们智力低下,无法创造财富,二是他们对于社会的潜在危害。

第二阶段:《人权宣言》规定,只有法律有所规定的,才可以进行必要的禁闭。为疯子安排专门的拘留处方案被提出,原因既包括使被禁闭的他人免受疯子的危害,又包括给予疯子特殊的照顾。

第三阶段:作为《人权宣言》的具体运用,1790年颁布重要法令,对于其他被拘留者应放则放,禁闭被明确地用于"服刑的犯人和疯子"。法令对于疯子进行了特殊安排,由医生做出诊断,疯子或被释放,或被送到指定的医院照看。表面看来问题得以解决,实际上困难重重,原因是当时为精神病人专门开设的精神病院还未产生,"指定的医院"有安置上的困难。1791年,法律补充说,家庭要负起监管责任。

福柯并没有批评各地管理状况的混乱,相反他表明了一个事实:各个管理机构、各个执政人员并非敷衍了事,任疯子自生自灭,而是尽心尽责。此章最后一句"在一个正在重建的社会领域里安置疯癫是多么困难!"(第220页)说明福柯确实认为,安置疯子并非易事。

此章结尾,没有他一贯酣畅淋漓的条分缕析,也没有激情洋溢的情感抒发。习惯了从每章结尾领略其密集思想轰炸和情感撼动的读者,未免会产生些微遗憾。

第九章　精神病院的诞生

18世纪末,人类文明终于引导疯子们抵达了精神病院的入口。第一批精神病院得以建立,疯癫作为"精神疾病"的观念得以出现。此处不仅是考古学方法的运用(关于疯癫认知模式的变化),也是谱系学方法的运用(现代精神病学的出现与生命权力的伴生关系)。

福柯在此提供了两个疗养院作为样本,一是皮内尔的疗养院,一是图克的疗养院。这两个疗养院是精神病院的雏形。

后世读者被告知,精神病人被重视被善待,是多么值得庆幸的事情。仁慈高尚的公谊会提供资金,建立了类似花园的疗养院,那里没有铁门和铁窗,更没有铁链。精神病人似乎置身人间天堂,他们不再被视为愚人、野兽或罪犯,而是被作为病人,他们被给予足够的信任、尊重和关爱。

关于图克的疗养院如何对待精神病人,传说是这样的:

力大无比的躁狂症患者被五花大绑送到疗养院,入院后镣铐立即被解除,疗养院给予患者以温柔平等的对待,看护和他一起用餐,给予他尽可能的自由、舒适、善意和尊重。疯子被告诫,获得这样待遇的前提是不得违反规则。这样患者就会在自我克制和可能的强制之间选择前者,于是得以疗愈,于是"四个月后,他完全康复,离开了疗养院"(第226页)。图克这样做的理由是,认为疯子由于生活在有害的社会环境中才产生各种有害情感,疗养院将他们置于兼有安逸与严肃的道德环境中,既使他们不再产生焦虑恐惧,又使他们受到安定和谐氛围的影响而发展出自我约束的力量。可见图克疗养院作为公谊会组织,有其宗教教化的意图。

图克疗养院表面看来是成功的,给予精神病人以人道的环境、人性的看护并使之康复。事情的另一面在于:责任代替了恐惧,良心约束了自由。类似《规训与惩罚》中的少年管教所,疗养院引入了规训与惩罚机制,不仅是监狱体制下的自我约束,而且是良心引导下的自我惩罚。在福柯看来,"承认自己的客体地位,意识到自己的罪过,疯人就将会恢复对自我的意识,成为一个自由而又负责任的主体,从而恢复理性。"(227页)所以福柯指出,在看似人道的环境中,图克疗养院施加了令人窒息的责任。疗养院是一个规训机构,不仅禁闭肉体而且改造灵魂,不去改变患者原先的社会环境,而是让其"良心""责任感""负罪感"成为内心自由的看守。

图克疗养院是公谊会组织,提供类似教友会的环境,患者也被要求劳动,经济收益不是首要原因,规训才是。首先,工作以"道德治疗"面目出现,工作期间疯子不得不集中注意力,这样就有利于其恢复。其次,工作使他们产生责任感,在道德和身体两方面都得到训练。体力劳动当然是允许的,脑力劳动只被允许阅读"数学和自然科学",因为可以从中发现"永恒的东西"并契合于上帝恩惠,同时也使其"过度自由的头脑恢复正常"。按此逻辑,人文艺术科目不适合疯子阅读,会刺激他们的激情、欲望和想象力。这就恰好证明了人文科学存在的意义!正是在此意义上,福柯才为艺术辩护,即它保护了人的非理性冲动,保护了人类的创造力和内心深度。

除了工作以外,通过一定的仪式,疯癫被抑制。比如图克疗养院的"茶话会",院长、工作人员和病人都盛装出席,气氛礼貌谦让,病人出色地自我抑制。"病人不停地扮演着这种名不符实的陌生客人的角色。他人的观察、礼节和伪装无声地强加给他某种社会人格。"(第229页)于是这种奖惩系统使得病人逐渐形成某种"社会人格",也就意味着非理性被抑制了。

此时还没有发展出力图与病人对话的精神病学,而是对于病人进行单向的观察和规训。所以,"监视与审判"是图克疗养院的标准模式。图克疗养院体现的是家庭模式,在医护与病人之间建立的关系是这样的:医护代表了理性、权威、家长,而病人代表了非理性、服从、被监管的孩子。

作为读者,看到这里或许深感欣慰,会对疗养院心怀感激,认为疗养院真是名副其实的慈善机构,既解除了疯子给家庭造成的拖累,又消除了疯子对于社会潜在的危险,而且疯子被成功进行了道德教化。一切都完美无缺,还有什么不满呢?福柯到底要引出什么结论呢?福柯为何认为图克的疗养院令人恐惧?

如果说福柯此处的观点不太明朗,那么结合《规训与惩罚》中少年管教所的规训机制,可以清晰看到,疗养院的弊端何在。

不妨以父母和孩子的关系为例说明。父母若以自身工作的辛苦、养育孩子的艰辛来教育孩子,孩子或许得以良心发现甚至自觉有罪,认识到没有父母就没有我的今天、我要承担起作为儿女的责任,于是孩子被唤起作为人的主体意识,于是孩子懂得了"孝顺"。表面看来孩子成为主体,实际上是学会了屈从,"主体"与"屈从"的辩证法是福柯对于"主体"的阐释。福柯在《规训与惩罚》中剖析的,就是无处不在的权力作用,军队、监狱固然是其极端体现,学校、家庭的权力则被美化而具有隐蔽性。

福柯捍卫的是个人自由,这是他批判疗养院规训机制的逻辑前提。福柯反对宗教和道德教化,因为被教化的对象成为了驯顺的肉体。福柯说过其研究兴趣不在权力而在主体。"我的目的是要创立一种据以在我们的文化中把人变为主体的各种方式的历史。我的工作是研究将人转变为主体的三种客体化方式。"[1]使疯子变成"自由而又负责任的主体"的这种行为正是使其客体化。疗养院中看护与病人形成的貌似亲密无间的关系,仅仅是规训手段而已。

福柯在此指出,关于19世纪疗养院的家庭模式,弗洛伊德精神分析理论揭示了其历史积淀,即揭示出人类文明与原始父亲的共生关系,将其视为永恒而普遍的冲突。福柯并不认同这种解释,他把疗养院的家庭模式视为19世纪的产物,认为西方哲学传统中理性和非理性的冲突被转换为精神分析理论中文明对本能的压抑。

福柯自己的立场是,某些疯癫其实是非理性,人类文明需要理性与非理性平衡发展,而非以理性排斥非理性。福柯认为,把疯子交给家庭看护是很奇怪而不近人情的行为,因为它预设了疯子类似未成年人。图克疗养院作为社会机构,却在模拟家庭模式,以父亲的名义来管理非理性。它模拟了最洁净、最自然的家庭,也是父亲权威最

---

[1] 德赖弗斯、拉比诺:《超越结构主义与解释学》,张建超、张静译,光明日报出版社1992年版,第271页。

坚固、对非理性的遏制最为严苛的地方。

另一种疗养院模式是皮内尔的疗养院,它开始受制于医生的权威。

慈善家皮内尔的疗养院里,同样对于精神病人进行家长一般的温和管理,留下了诸多佳话。某种程度而言是事实,也有话语建构的成分。"在这些神话背后有一种运作,或者说有一系列的运作。"(第223页)流传下来的故事既美化了疗养院的管理也神化了慈善家。

皮内尔疗养院实行的不是家庭模式,也不是宗教教化。恰好相反,皮内尔反对在疗养院引入宗教,原因是他认为宗教能够激发疯癫体验以及狂热情感,比如天堂和地狱体验。所以皮内尔的疗养院里,宗教不仅不是治疗手段,反而成为治疗对象。这种观点有其道理,毕竟事实表明,在当时宗教谵妄是很多疯子的病因。

皮内尔反对宗教隔离,却依然实行着社会隔离,他依靠"自然宗教"即大自然的恩惠以排除宗教狂热并培养道德观念。"疯人院是一个没有宗教的宗教领域,一个纯粹的道德领域,一个道德一律的领域。……疯人院必须代表社会道德的伟大连续性。"(第237页)然而"自然""道德"也是一种话语建构。

皮内尔的疯人院体现着双重的统治。

首先,它坚持认为有一种"原始的道德",认为这种纯朴的道德即使在精神错乱的疯子心中也得以保留。治疗疯子就是清除其表面的失调,恢复其纯朴天性。

其次,疗养院要维护的是通常的道德观念,要消除差异、消灭出格行为,"它谴责一切有悖于社会基本美德的作为,其中包括独身……"(第237页)此处独身是针对女性而言,当时的社会认为独身女人变成白痴的人数比已婚者多7倍,婚姻保护女性免受精神病侵袭。在当时"婚姻对于女性而言是一种保护"的观念并不令人讶异。反观现代社会,针对独身女性的道德偏见依然大行其道。

上述观念在今天依然会获得某些人拥护。但是对于后现代哲学家而言,这些观念都是可疑的。福柯延续了尼采的谱系学,将道德视为话语的建构,认为没有永恒不变的、内在于人性的"原始道德"。捍卫通常道德、消除差异的主张,更为后现代哲学家所不齿,因为这是无视个体自由的体现。在此,福柯并未格外关注女性疯癫问题。女性疯癫不仅是人类文明对于非理性的压抑,而且是更为严酷的性别压迫问题。所幸女性主义理论家们让"疯女人"群像得以被看见。

因此,皮内尔的疗养院同样是个严厉的规训机构。"疯人院给自己提出的任务是,实行统一的道德统治,严格对待那些想逃避这种统治的人。"(第238页)

因此,图克的疗养院和皮内尔的疗养院是两种不同

模式,却殊途同归:

图克的疗养院实行的是宗教隔离,以达到道德净化的目的;皮内尔的疗养院实行的是社会隔离,保证疯子回归正统道德观念。

可见,19世纪对待疯子的态度发生了转变。17—18世纪的古典时期,疯子与罪犯、流浪汉等一起被关禁闭,这些人被形同罪犯看待。19世纪的疗养院则从社会道德的角度看待疯子,视为需要矫正的道德缺陷。

皮内尔疗养院有三种社会隔离/规训手段:

1. 缄默。对于自封基督的疯子,不要镣铐加身,不然他以为是在重现耶稣受难。在镣铐加身状态中,疯子和观者形成奇妙的共谋,这是他自以为的高光时刻,他在表演中得到存在感。当皮内尔下令释放他,要求所有人无视他,疯子身体上不再承担痛苦,与他人情感的共生也被切断,这种轻盈令他无法忍受。他可以承受痛苦,因为这是耶稣受难的痛苦,但是不可以承受无意义的自由,正如昆德拉小说《生命中不可承受之轻》说明的道理。他在无人关注的窘境中感受到屈辱,所以主动加入了集体,于是谵妄终止了。但是,事情还有另外一面,这个疯子也许正是在追随耶稣的道路,所以他可能是个真正的殉道者,这一可能性被疗养院终止了。福柯正是要发掘疯癫可贵的方面。

总之,文艺复兴时期,理性与非理性不断展开对话;古典时期,理性对于非理性不断展开压制,但是对话尚未完全终止;现代时期,对话彻底终止了,"在疯癫与理性之间不再有任何共同语言。"(第241页)

2. 镜像认识。如果说图克疗养院内疯子只是被观察,那么在皮内尔疗养院的疯子则是被观察、观察他人和自我观察的结合。书中所举两个例子都是疯子在其他疯子身上看出荒谬,犹如揽镜自照,其他疯子成为这个疯子的镜像,疯子由此慢慢恢复对自身的清醒认知。医护的作用是维持活动的进行。"其他代表理性的人一言不发地支撑着这面可怕的镜子。"(第242页)

3. 审判。犹如镜中,疗养院里的疯子不断审视他人,同时也在自我审视,并为其荒谬言行羞愧不已。为何疯子是在自我审视?缘于疗养院类似司法机构,院长和医护承担着法官和执法者的角色。"疯人院作为一个司法机构是完全独立的,不承认其他权威。它直接判决,不许上诉。它拥有自己的惩罚手段,根据自己的判断加以使用。"(第244页)于是疯癫曾经被交付于理性的权威,现在被交付于审判,陷于一种无休止的审判中直到疯子表现出悔悟。就如《规训与惩罚》中的圆形监狱,由于犯人不知道是否被监视和被谁监视,于是成为自身的看守。疯子处于自我审视—羞愧悔恨—自我纠正的循环中,于是慢慢地被"治愈"了,但是生命能量之火也熄灭了。在皮内尔疗养院内,对于那些不肯就范的疯子,实行的是疯人院内另行设立禁区,于是院内的囚室形成了双重幽闭。借用哈姆雷特的经典台词,疯人院是一所监狱,囚室是其中最坏的一间。再借用福柯的观点,整个社会实行监狱体制,疯人院是其中最坏的一间。一旦明白这一道理,人们在观看疗养院的疯子之时,不也是在揽镜自照吗?

4. 对于医务人员的神化。尽管两个疗养院有很大不同,但是在神化医务人员方面是一致的。疗养院内医生占据主导地位,医生掌管着疯子是否被收入院的权力。然而,医生判断是否疯子、是否适合入院的依据不是医学,而是基于管理所需。有的"医生"可以是"毫无精神病方面知识"的人,是从"司法和道德"角度的考量,他们之所以具有"医生"的资格,只是由于他们可以对于病人施加"思想"方面的影响。所以,两个疗养院借用医学治疗之名,施行的是道德管束和法律审判之实。医生拥有父亲和法官的双重身份,对于病人拥有绝对的权威。

图克疗养院和皮内尔疗养院的精神治疗实践对于精神病学的产生具有重要意义:树立医生的权威地位,诱导病人说出心底秘密,从而使其得到康复。首先,疗养院建立起的医生对于病人的权威地位在现代精神病学得以延续,并发展为将医生视为拥有神奇力量的人,病人对其愈发崇拜,屈服于这种貌似神奇实则诡异的力量。人们尤其是病人将医生视为掌握了某种奥秘,甚至掌握了"魔鬼的秘密"的人,于是从疗养院到现代精神病学具有了巫术的性质,医生被美化为巫师,病人则是被动等待巫师作法的对象。

第九章的最后,福柯将弗洛伊德引上舞台,认为医生与病人之间的奇诡关联在弗洛伊德精神分析理论中得以彰显。弗洛伊德精神分析是疯癫史上又一个转折点,现代精神病学分离出医生—病人关系,但是它无法理解非理性。弗洛伊德精神分析理论的贡献是,似乎把"病人"从恶劣的生存状态中解救出来,从愚人、罪犯、疯子的污名化中解放出来,终于使其获得作为人的尊严。但是问题在于,弗洛伊德理论不是把疯子从各种权力关系中解救出来,反而加重了权力关系,疯子就如注视镜中的自己,"抓住自己又放弃自己",他杀死那个镜中的自己。

在此福柯的立场得以彰显。尽管他在众多场合反复申明,他不是"反精神病学家",这里却可以看到他旗帜鲜明地反对精神病学理论。他指出,精神分析理论只能治疗某种类型的精神病,却永远不能理解另外一种疯癫。因为精神分析理论预设了医生作为法官和父亲的权威地位,预设了医生至高无上的话语权,预设了病人被监护、被审判、被治疗的被动身份,于是病人除了自我审视、自我羞辱,还能做什么呢?当疯子被"治愈"之际,也就成为行尸走肉。对于此类回归社会的疯子,社会的人道对待即是莫大善行。

另外一种疯癫,是艺术家和哲学家的疯癫。对于此类疯癫,理性主义无法理解,精神病院意图消灭它,精神分析理论将其视为病态。疯癫,不能在现代医学意义上得以穷尽,或曰不只是现代医学意义上的心智疾病,它一定还是别的什么。

此书结论部分,得以听到福柯为此类疯癫的激情辩护。

福柯对于疯子、罪犯以辩护,在于看到他们的自由精神,却未免美化了他们。他并未清晰区分医学事实的疯癫与被话语建构的疯癫,所以未免美化了疯癫和犯罪,置其社会危害于不顾;须知很多疯子和罪犯并非人的理想模式,而只是欲望/本能模式。可以看到,某些艺术家的疯癫确实也是医学事实的疯癫。福柯的意义在于,试图从艺术家的疯癫中发现创造性的东西,而不是把艺术家的疯癫完全还原为医学事实。而且,作为现代人的我们同样受制于时代知识型,我们将"医学事实的疯癫"视为无可置疑的客观事实,或许忘记,疯癫直到19世纪才被从医学角度认知。

精神病院力图消灭疯子的疯癫意识,使他的行为举止符合正常。因而疯子面对管理者的缄默、同类的疯癫、审判形式的约束,得以体悟疯癫的虚妄,并不断自我审判,不断远离疯癫意识。相应地,医务人员被神化,医生体现着绝对的权威,医生不可能与疯子平等对话,疯子必须无条件服从医生。疯癫在文艺复兴时期被作为真理,古典时期则是失德,近现代时期却是疾病。疯癫不断被从外部审视、被话语建构,它自身却被文明剥夺了发言资格。此时引入艺术中的疯癫是必要的。

本章更详尽的观点,可以参考福柯《临床医学的诞生》一书。

结　论

结论部分,福柯充分显示出其诗人的才华,也充分显示出其为非理性辩护的立场。他以画家戈雅和梵高、作家萨德和阿尔托、哲学家尼采等为例证,说明非理性主义文学艺术是无法被理性压抑的声音,也是人类文明不可缺少的宝藏。他不仅在探讨艺术理论,而且是对人类文明的深入叩问。

第1—3段,戈雅画作分析。

福柯开篇描述了戈雅绘画《疯人院》中囚室内的疯子众生相。一类是精神错乱的疯了,却也是谵妄世界之王,福柯甚至以"未玷污的肉体所焕发的人性"加以赞美。另一类是未疯之人。那么未疯之人为何被囚禁？书中正文部分已经说明，疯子曾经与罪犯、流浪汉等不加严格区分地关在一起，有的罪犯其实是思想政治犯。对于这类未疯之人，福柯使用了诸如"梦想""自由"等词汇予以赞美，比如，"在这个用旧帽遮羞的疯人身上，通过其健壮的身体所显示的野性未羁的无言的青春力量，透露出一种生而自由的、已经获得解放的人性存在。"（第258页）置于福柯规训权力和生命权力思想背景上，上述评价就是可以理解的。如果规训权力已经使人们成为驯顺的肉体，如果生命权力已经使个体湮没于人口管理，那么不服从任何规训和控制的疯子确实是人类最后的希望。

福柯继而分析了戈雅绘画《荒诞》《聋人之家》等作品。戈雅晚年经历了妻离子散、疾病缠身等诸多磨难，之后在乡下购置了一栋房子，并把它命名为"聋子之家"，从此开始了隐居生活。然而离群索居并不意味着心灵平静，"聋人之家"墙壁上绘制了十几幅壁画，女巫、魔鬼与幽灵在阴郁的黑色中穿行。不同于《疯人院》中被投入囚室的疯子的疯癫，上述作品描绘的是"被投入黑暗的人的疯癫"，也是更本源的疯癫。此类疯癫不同于文艺复兴时期的疯癫。文艺复兴时期是整体性的宇宙观，人类和宇宙万物之间有密切的感应契合，人的非理性在大自然中能找到其对应物,所以博斯画作中的疯癫以各种奇特怪诞的动植物形象出现。福柯在《词与物》中就指出过文艺复兴时期知识型是相似原则。因此,不同于文艺复兴时期博斯绘画中的疯癫,古典时期戈雅画作中的疯癫传达着虚无感。这是第四章中分析过的"理性的眩惑"。古典时期的疯癫被认为不能认识真理而只能沉没于黑夜,"人与自己内心最隐秘、最孤独的东西交流",修道士是"畸零人",传达着"最内在的,也是最狂野不羁的力量"(第259页)。此类非理性的声音在古典时期不被倾听,但是在18世纪中期之后尤其是19世纪的艺术中得以复活,尼采和阿尔托予以继续传递。它是一种癫狂精神的传承,一种原始能量的蓄积,是对于社会现实而言的真正白昼。以生命政治理论作为参照,更能显出其力量、价值和美。

第4—8段,为萨德正名,阐发萨德作品的意义。

萨德可以称得上惊世骇俗。然而,令人惊讶的并非萨德其人其文,毕竟世界上有很多异端人物,令人惊讶的是福柯对他的评价之高。如果置于法国当代哲学和美学背景上,则可以发现福柯的评价并不出格。波德莱尔、超现实主义诗人们、布朗肖和罗兰·巴特等人都欣赏萨德。福柯的理由是,萨德是一个挑战者,他敢于质疑宗教、法律、道德信条;他敢于思考人生的无意义和世界的无秩序;他以欲望的强力冲破了理性规范;他敢于违背虚伪的贵族生活方式;他是一个风格独特的作家,他有非凡的想象力和表达能力,他创造了一个精致无比的文本世界。

萨德小说背景是修道院、森林和地牢等远离社会的角落。因为他不是书写社会对人的摧残,而是在彰显人的自然本性。萨德主人公昭示着的真理是:"欲望是自然赋予人的,而且自然用世上循环往复的生生死死的伟大教训教导着欲望,因此,欲望怎么会与自然相抵触呢?欲望的疯癫,疯狂的谋杀,最无理智的激情,这些都属于智慧和理性,因为它们是自然秩序的一部分。"(第261页)这是拉摩的侄儿的观点的回声,这是生命无罪的宣告,也是尼采重估一切价值的先声。既然欲望是自然赐予人的,为何快感是有罪的或不道德的呢?

福柯指出从戈雅到萨德有一条隐秘线索即对于欲望的热情,欲望是非理性的体现,是健康生命的证明。"萨德的从容不迫的语言既汇集了非理性的临终遗言,又赋予了它们一种在未来时代的更深远意义。"(第260页)萨德的作品呈现着人之欲望本能的释放,主人公不是规训权力制造出的温顺肉体,而是美且灵动的肉体。在1975年一场名为"性的教官萨德"的访谈中,福柯赞赏萨德作品的精致,认为电影无论对于萨德本人还是对其作品主题的表现都是失败的。福柯指出不要轻易把萨德等同于卢梭。回归自然状态、恢复自然本性，只是萨德思想的第一阶段，萨德没有将此状态美化。萨德思想如何不同于卢梭的自然主义？萨德这里，回归自然只是美好设想，基于人类的自然本性不会建立一个美好社会秩序，人类在自然中只会面临无限虚空，沉沦于疯癫的黑夜，被视为人的纯朴天性的不过是人类的非本性。于是，萨德的主人公逐渐脱离社会环境设定，进入人性与自然的纠缠较量。

对于尼采和福柯之类哲学家而言，生命无罪，生命是一切道德、宗教和社会习俗的评判标准；健康的生命以及生命的快乐享受，也应该是人类文明的评判标准；一切戕害生命、弱化生命的都是不道德甚至反人类的。既然非理性是人的本性，为何要灌输对此的不道德感、罪恶感呢？就福柯对于"主体"的兴趣而言，既然文明致力于使人"客体化"，那么个体主体的自我重构就是反抗方式。福柯的这一立场，不妨借用罗素对于两类哲学家的区分。罗素指出，"社会团结与个人自由……在一切的时期里始终是处于一种冲突状态或不安的妥协状态。"[1]在此意义上，罗素区分了维护社会稳定的和捍卫个人自由的两类

---

[1] 罗素：《西方哲学史》上卷，何兆武、李约瑟译，商务印书馆2001年版，第13页。

哲学家。福柯的思想应该在此张力中把握。即福柯对于疯癫的辩护应该置于理性对于非理性进行排斥的历史背景上理解。

第8—11段,戈雅和萨德之后,非理性成为艺术作品的决定性因素。

福柯指出,不仅艺术作品中体现出疯癫和狂乱,艺术家的人生亦如此。关于艺术家的疯癫与创作、作品之间的关系,福柯的论点是:艺术家一旦疯癫,就不再是创作,即使还在书写,也不是艺术作品,即艺术家的疯癫表现为"艺术作品的缺席";反之,只要称得上艺术作品,就意味着作者未疯,即艺术作品也意味着作者"疯癫的缺席"。即艺术家一旦发疯,艺术作品就不再可能出现,他说的是观众不可能理解的语言。"在疯癫和艺术作品之间,从未有过和解,没有更稳定的交流,也没有语言的沟通。"(第265页)笔者对此的理解是,艺术家未疯而即疯的状态,可能是创作的高峰,如同电灯泡炸裂时的突然闪耀,艺术家即将发疯前脑子中也有极度明亮的时刻,这是创作的巅峰时刻,然后就陷入彻底的黑暗。

第12—13段,非理性艺术作品的意义。

艺术家的疯癫成为19—20世纪一个突出的现象,他们是作家、诗人、画家、音乐家和尼采之类诗人哲学家。艺术家走向了疯癫,其艺术作品横空出世,呈现为一处虚空、一个沉默的时刻、一个没有答案的问题。"它造成了一个不可弥合的破裂,迫使世界对自己提出质疑。……世界被迫意识到自己的罪孽。"(第267页)西方文明面对艺术作品的指控,不得不重新思考理性与非理性的关系问题,即:何谓理性何谓非理性?二者是水火不容还是互为镜像?

福柯点明主旨:艺术家发疯之后,成为现代精神病学研究的对象,但是精神病学无法理解此类非理性作品;西方文明不仅无法评估非理性,而且应该在此类非理性面前反思自身的合理性。福柯上述观点并非奇谈怪论。早在《启蒙辩证法》一书中,霍克海默和阿多诺已经指出萨德符合康德设想的"摆脱了监护的资产阶级主体",认为萨德的非理性主义是启蒙理性主义的逻辑必然。拉康在《康德与萨德》一文中指出萨德是一个秘密的康德主义者,最终辨析出理性主义走向法西斯主义的逻辑。然而,这样的解读对于康德之类理性主义者公平吗?是否事情反转又反转,为非理性主义而摇旗呐喊的哲学家和艺术家们,自身正是遵循着法西斯主义逻辑?遗憾的是,福柯对于萨德主义的破坏性视而不见。毕竟,萨德主义失去了古希腊"神圣的癫狂"的神圣意味,也失去了文艺复兴时期的真理向度,对于康德绝对律令的解构也只是解构而已,并未提供新的伦理。

或许,福柯晚期的生存美学建构能够弥补此书的浪漫主义倾向。

或许,福柯晚期对于启蒙的思考是他向康德的再次致敬:今天我们能够继承于启蒙的,是一种批判的态度,一种精神气质,一种哲学生活。

参考文献

1. M. Foucault, *Ethics: Subjectivity and Truth*, New York: New Press, 1997.

2. M. Foucault, *Aesthetics, Method, and Epistemology*, New York: New Press, 1997.

3. M. Foucault, *Politics, Philosophy, Culture: Interviews and Other Writings 1977 – 1984*; New York: Routledge, 1988.

4. Tim Armstrong (ed.), *Michel Foucault Philosopher*, New York: Harvester Wheatsheaf, 1992.

5. Jonathan Arac (ed.), *After Foucault: Humanistic Knowledge, Postmodern Challenges*, New Brunswick: Rutgers University Press, 1988.

6. Charles E. Scott, *The Question of Ethics: Nietzsche, Heidegger, Foucault*, Bloomington: Indiana University Press, 1990.

7. Allan Megill, *Prophets of Extremity: Nietzsche,*

Heidegger, Foucault, Derrida, Berkeley: University of California Press, 1985.

8. Gary Gutting(ed.), *The Cambridge Companion to Foucault*, Cambridge; New York: Cambridge University Press, 1994.

9. Paul Rabinow(ed.), *The Foucault Reader*, New York: Pantheon Books, 1984.

10. Barry Smart, *Foucault, Marxism, and Critique*, London; Boston: Routledge & Kegan Paul, 1983.

11. David Carroll, *Paraesthetics: Foucault, Lyotard, Derrida*, New York: Methuen, 1987.

12. David Couzens Hoy (ed.), *Foucault: A Critical Reader*, Oxford and New York: Basil Blackwell, 1986.

13. [法]福柯:《疯癫与文明》,刘北成、杨远婴译,生活·读书·新知三联书店,2019。

14. [法]福柯:《规训与惩罚》,刘北成、杨远婴译,生活·读书·新知三联书店,1999。

15. [法]福柯:《权力的眼睛——福柯访谈录》(修订译本),严锋译,上海人民出版社,2021。

16. [法]福柯:《知识考古学》,谢强、马月译,生活·读书·新知三联书店,1998。

17. ［法］福柯:《性经验史》,佘碧平译,上海人民出版社,2000。

18. ［法］傅柯:《性意识史》第一卷,尚衡译,台湾九大、桂冠联合出版,1990。

19. ［法］福柯:《必须保卫社会》,钱翰译,上海人民出版社,2010。

20. ［法］埃里蓬:《权力与反抗——米歇尔·福柯传》,谢强、马月译,北京大学出版社,1997。

21. ［美］德赖弗斯、拉比诺:《超越结构主义与解释学》,张建超、张静译,光明日报出版社,1992。

22. ［美］特伦斯·鲍尔、理查德·贝拉米主编:《剑桥二十世纪政治思想史》,任军锋、徐卫翔译,商务印书馆,2017。

后　记

感谢潘知常教授信任,给予我一个重新阅读、思考福柯的机会。

由于这是一本导读性质的书,我尽量写得通俗易懂,同时深知自己的局限性,或许谬以千里而不自知,有待学界批评指正。

按照福柯的观点,研究历史的目的是理解现在、理解今天的我们是谁。在当下语境中,阅读福柯《疯癫与文明》一书有特殊的意义。福柯希望他的作品是工具盒,可以给予读者一些工具,以使权力系统短路、失灵。可以说《疯癫与文明》正是这样的工具盒。

正如福柯恩师杜梅泽尔所言,福柯有无限的智慧,甚至有些过于精细。确实,书中既有细致的文学描写,又有洞若观火的理论思辨。许多个夜晚,灯下阅读此书,如同卡夫卡《在流放地》中旅客的经验,观看一种权力机制的运转,领悟一种肉体和灵魂的献祭,感受一种深入骨髓的荒诞,倾听来自各方的话语角力。阅读此书,也有太多美妙的体验,犹如看侦探小说,环环相扣精彩不断。

人类历史上,有一些伟大的人物,曾被视为疯癫。

人类历史上,有那么一些瞬间,瞬间成为永恒。

那是生命终点的苏格拉底,沉浸于"神圣的疯癫","我去死,你们去活,哪条去路好,唯有神知道!"

那是背负十字架的耶稣,他头戴荆冠,承受羞辱鞭打。

那是塔楼里度过半生的荷尔德林,形同幽灵而无人知晓。

那是天才梵高,在仰望他的太阳,公众则报以嘲笑和驱逐。

那是辉煌燃烧的疯子群像:戈雅、陀思妥耶夫斯基、尼采、阿尔托……

人类历史上的疯子浩如烟海,伟大的疯子艺术家则寥若晨星——他们侥幸被后世"看见"因而受到纪念。更多的疯子湮没无闻,在囚室、铁笼、医院中喧哗或静默,孤单死去而无人在意。福柯力图考古的,不仅是伟大的疯子,也包括这些被世界遗弃的疯子。

这些疯子与哲学家福柯有什么关系?

福柯大学期间即因心理问题求助于精神病医生。更重要的是,他认为人类文明在以理性的名义排斥非理性,某些疯癫不是事实的疾病而是话语的建构。

这些疯子与作为读者的我们有什么关系？

犹在镜中。我们得以看到自己的另一面。我们静默、礼貌、顺从。疯子就是另外的那个我。正如在女性主义理论家看来，疯女人伯莎是简·爱的另一面。

最后，让我们分享德勒兹对于福柯的爱，并祝愿我们能够保留着疯癫的火种："一个人只有通过疯癫才能体现出他的魅力……其实我们每个人都或多或少有疯癫的一面，如果你无法抓住一个人身上的这一点，你就很难真正了解他，更不可能爱上他。"